KEY PERFORMANCE INDICATOR

事業計画を実現する
KPIマネジメントの実務

―― PDCAを回す目標必達の技術 ――

アットストリーム
大工舎 宏
HIROSHI DAIKUYA

日本能率協会マネジメントセンター

はじめに

　前著『KPIで必ず成果を出す目標達成の技術』では「KPIをうまく活用する組織が成果をあげ続ける」をテーマに、KPIマネジメント（KPIを活用した経営管理）を実践するメリットと基本手順を解説しました。また、中期計画・年度計画への活用、管理・間接部門への活用など、活用場面別のポイントや、KPIマネジメントの取組みが形骸化しないためのポイントを整理しました。その後、読者の皆さま、弊社のお客さまから、「KPIを設定・活用していく上で、より実践的で実務的な書籍を」との要望をいただいております。

　以上を踏まえて本書は、「**KPIマネジメントを実践する際の実務的な進め方のガイド**」として出版します。具体的には、事業計画を策定していく際に、KPIを適切に設定し、うまくPDCAを回していくために、「誰が」「いつ」「なにを」行うべきかを記述していきます。

　弊社アットストリームでは、事業会社や各種組織・団体に対して、KPIマネジメントの取組みを数多く支援しています。実践の取組みからの示唆は多く、手法や手順はもちろん、実際に進める上での難所や工夫についても多くの学びと蓄積を得ております。本書では、それらの学びを次のような形で整理しています。

序章：「誰が」「いつ」「なにを」行うかの全体像
　一般的な実践場面を想定し、行うべき10のステップの概要と実施内容を整理します。また、本書で用いる用語の整理を行います。
各章（第1章～第10章）：各ステップでの実践内容
　各ステップでの実践内容を以下の点を含めながら整理します。
　　○推進手順
　　○使用するワークシートやツール

○解説（各手順でなにを考え・討議するか、留意点、実務上の工夫など）

　前著に続いて、KPIを活用して「成果をあげ続ける」という点への考察が本書のこだわりです。一過性の目標達成ではなく、継続的に目標を達成していくこと、そのために必要な組織としての行動と学びを継続的に行っていくことです。
　したがって、本書で示すステップ・推進手順・ワークシートなどは、単にKPIを設定するためだけではなく、KPI設定後のPDCAの強化や、部門間連携を含む組織行動の活発化につなげていく観点で設計されています。中長期にわたって目標を達成していく力を組織として身につけていくことを狙いとしています。

　KPIマネジメントに継続的に、かつじっくりと取り組むことは、必ず経営力の強化につながる、と長年の経営コンサルティング活動を通じて確信しています。本書の内容が、読者の皆さまの今後の経営活動や経営管理業務の一助になれば幸いです。

　本書のコンセプトづくり・企画・出版に際しては、日本能率協会マネジメントセンターの渡辺敏郎氏にたいへんお世話になりました。この場を借りてお礼申しあげます。また、アットストリームの北山雄介氏、新井貴仁氏、佐藤史子氏には、本書で紹介している手法・ワークシートなどの整備に大きな尽力をいただきました。合わせてお礼申しあげます。

平成29年11月
株式会社アットストリーム
代表取締役　大工舎 宏

事業計画を実現するKPIマネジメントの実務
―PDCAを回す目標必達の技術

目次

はじめに ………………………………………………………………… 3

序章
「誰が」「いつ」「なにを」行うかの全体像

- 本書が想定するモデル ………………………………………………… 10
- 経営計画の体系 ………………………………………………………… 12
- 戦略マップと戦略課題のKGIを設定する …………………………… 13
- 部門レベルのKPIを設定する ………………………………………… 15
- KPIの3つの構成要素 ………………………………………………… 16
- KPIの設定・活用の10ステップの全体像 …………………………… 17

第1章
ステップ1　前期経営計画の総括

- 成果を分析する ………………………………………………………… 28
- 結果の要因を整理する ………………………………………………… 30
- 環境認識を整理する …………………………………………………… 31
  - （1）3C分析 ………………………………………………………… 31
  - （2）PEST要素 …………………………………………………… 32
- KPIマネジメントへの取組みを総括する …………………………… 33
  - （1）事業部レベルの総括 ………………………………………… 34
  - （2）部門レベルの総括 …………………………………………… 36

第2章
ステップ2　必達目標と戦略課題の整理（戦略マップの第1版作成）

手順1　重要な必達目標の明確化 ……………………………………… 42
- 絶対に死守すべき水準を設定する …………………………………… 42
- 各事業が独自に設定するケース ……………………………………… 43

手順2　戦略課題の抽出 ………………………………………………… 44
- トップダウンとボトムアップ　2つのアプローチ ………………… 44

バランスト・スコアカードの枠組みの活用 ・・・・・・・・・・・・・・・・・・・・・・・ 45
財務の視点 ・・・ 49
顧客の視点 ・・・ 52
内部プロセスの視点 ・・ 55
学習と成長の視点 ・・ 55

手順3　戦略マップの第1版作成 ・・・・・・・・・・・・・・・・・・・・・・・・・・・・・・・・・・・ 59
戦略課題を一覧化する ・・ 59
戦略マップをチェックする ・・・・・・・・・・・・・・・・・・・・・・・・・・・・・・・・・・・・ 61

第3章
ステップ3　戦略目標（戦略課題のKGI）の設定

手順1　戦略課題ごとの主担当部門の設定 ・・・・・・・・・・・・・・・・・・・・・・・・・ 64
仮置きでもよいので主担当部門を設定する ・・・・・・・・・・・・・・・・・・・・・ 64
手順2　戦略課題の達成を測る指標の設定 ・・・・・・・・・・・・・・・・・・・・・・・・・ 66
戦略課題がクリアされた姿・状態を考える ・・・・・・・・・・・・・・・・・・・・・ 66
手順3　指標の目標達成水準の設定 ・・・・・・・・・・・・・・・・・・・・・・・・・・・・・・・・ 68
指標と目標達成水準はセットで設定 ・・・・・・・・・・・・・・・・・・・・・・・・・・・ 68
戦略課題をどの部門が担当するか ・・・・・・・・・・・・・・・・・・・・・・・・・・・・・ 69

第4章
ステップ4　部門のKGI・プロセスKPIの設定

手順1　設定準備 ・・・ 76
高い視点から課題を抽出する ・・・・・・・・・・・・・・・・・・・・・・・・・・・・・・・・・ 76
ミッションから課題を抽出する ・・・・・・・・・・・・・・・・・・・・・・・・・・・・・・・ 78
外部環境の変化から抽出する ・・・・・・・・・・・・・・・・・・・・・・・・・・・・・・・・・ 80
ビジョンから課題を抽出する ・・・・・・・・・・・・・・・・・・・・・・・・・・・・・・・・・ 82
手順2　目標を設定する対象の検討 ・・・・・・・・・・・・・・・・・・・・・・・・・・・・・・・・ 85
経営計画・戦略課題から抽出する ・・・・・・・・・・・・・・・・・・・・・・・・・・・・・ 85
部門間連携の視点から抽出する ・・・・・・・・・・・・・・・・・・・・・・・・・・・・・・・ 87
抽出した目標設定対象を整理する ・・・・・・・・・・・・・・・・・・・・・・・・・・・・・ 88
目標設定対象を選定する ・・・・・・・・・・・・・・・・・・・・・・・・・・・・・・・・・・・・・ 90
手順3　KGIの設定 ・・・ 94
達成された状態を記述する ・・・・・・・・・・・・・・・・・・・・・・・・・・・・・・・・・・・ 94

KGIの指標を検討する ･････････････････････････････････････ 96
　　　目標達成の水準を定量的に設定する ･････････････････････････ 103
手順4 **プロセスKPIの設定** ･･････････････････････････････････ 106
　　　重要成功要因（CSF）を検討する ････････････････････････････ 106
　　　プロセスKPIを設定する ･･････････････････････････････････ 120
　　　推進者は誰か ･･ 122
　　　「内部プロセス」「学習と成長の視点」の戦略課題と
　　　部門のKGI・プロセスKPIの関係 ･･････････････････････････ 123

第5章
ステップ5　取組みテーマの進め方の検討

手順1 **取組みテーマの候補の抽出** ･･････････････････････････････ 127
　　　候補は多めに洗い出す ･･･････････････････････････････････ 127
手順2 **取組みテーマの優先順位の検討** ･･････････････････････････ 132
　　　「重要度」と「難易度」の評価・判定 ･････････････････････････ 132
手順3 **担当部門・資源配分の決定と取組みテーマのKPIの設定** ････ 137
　　　実行の準備と計画の策定 ･････････････････････････････････ 137

第6章
ステップ6　アクションプランの設定

　　　個人のアクションプランに繋げる ･･････････････････････････ 142
　　　KPIマネジメントと個人の目標管理の関係 ･････････････････････ 143
　　　個人レベルまでKPI設定を展開するか ･････････････････････････ 150

第7章
ステップ7　戦略マップの最終化と予算設定

　　　トップダウンとボトムアップの融合 ････････････････････････ 152
手順1 **戦略課題の見直し** ･････････････････････････････････････ 154
　　　追加認識した戦略課題と取組みテーマへの対応方針 ･･････････ 154
手順2 **戦略目標の達成水準の見直し** ･･････････････････････････ 155
　　　戦略目標の達成水準の再確認と合意形成 ････････････････････ 155
手順3 **単年度予算への展開** ･･････････････････････････････････ 157
　　　戦略投資の予算設定と経営資源の配分 ･･････････････････････ 157

第8章
ステップ8　KPIマネジメントの運用ルールの設定

- 大切なのは運用・活用 ………………………………………… 160
- 共通するのは「現状の把握」と「将来の予測」 ……………… 161
- 準備作業1：指標の定義の確認・整理 ………………………… 163
- 準備作業2：データ取得方法の確認と代替案のKPIの検討 …… 165
- 運用のプロセス・ルール1：PDCAのプロセスと会議体 …… 165
- 運用のプロセス・ルール2：主な役割・体制 ………………… 170
- 運用のプロセス・ルール3：表記・見える化のルール ……… 171
- 運用のプロセス・ルール4：見える化のための仕組み・ツール … 173
- 運用のプロセス・ルール5：振返りの場とその進め方 ……… 174
- 補足的検討事項 ………………………………………………… 174

第9章
ステップ9　コーポレート部門で対応すべき事項の整理

- 全社的な視点・全社最適化の視点 …………………………… 180
- コーポレート部門がリードしてテーマ化していく ………… 184
- コーポレート部門として取り組むべき事項の例 …………… 184
- 全社の戦略マップを作成する ………………………………… 186

第10章
ステップ10　KPIでPDCAを回す

- 3つの基本ツール ……………………………………………… 190
- 運用マニュアル（ガイド）を活用する ……………………… 191
- KPIでPDCAを回す …………………………………………… 195
- 成果をあげ続けるための4つのポイント …………………… 196
- さらに進化を遂げるために …………………………………… 201
- KPI設定のアセスメント ……………………………………… 204
- 理解・浸透プログラムの実施パターン ……………………… 204

おわりに …………………………………………………………… 209

序章

「誰が」「いつ」「なにを」行うかの全体像

KPI設定・活用のステップの全体像とその概略を解説します。合わせて、本書で用いる枠組みと用いる用語などを整理します。本書を読み進める前にご一読ください。

本書が想定するモデル

　まず、図1をご覧ください。これは、第1章以降の記述において想定している組織構造と経営計画体系を示しています。組織構造については、ケース記述のために単純化したモデルとして、単一事業の会社を前提としています。複数の事業を展開する企業では、図にあるように複数の事業を横断する全社の中期計画並びにビジョンが存在するでしょう。本書では、単一事業としての事業部中期計画から記述します。複数事業の会社の場合の留意点は、適宜各章で触れるようにします。

　経営計画の体系としては、事業部の中期計画→事業部年度計画と展開される形とします。中期（一般的には3～5年）の目標・戦略課題・施策を整理した上で、単年度の目標・重点課題・施策に展開する、多くの企業でとられている形です。複数事業の企業においても、各事業部ごとに事業部中期計画→事業部年度計画となる形が通常なので、本書で記載している単一事業での進め方で実践することができます。

　本書は、事業部の年度計画を踏まえて、部門の年度計画に展開される体系を前提としています。部門の単年度の目標・重点課題・施策を整理するものです。部門は、図にあるように一般的な製造業で見られる機能部門別の組織を想定しています。一方、流通業やサービス業などの製造業以外の業種・業態であっても、事業部内は同様の機能別組織の形になっていることが多いので、参考にしていただけると考えます。

　事業規模について、とくに前提は必要ありません。読者の皆さまが思い描きやすい企業や事業部を想定いただく形でかまいません。単一事業を前提としているので、売上高の規模でいえば数十億～数百億円くらいの事業規模を想定ください。もちろんそれが1000億円超であっても問題はありません。

　実務ガイドとしての記述を進める上では、「誰が」に相当する登

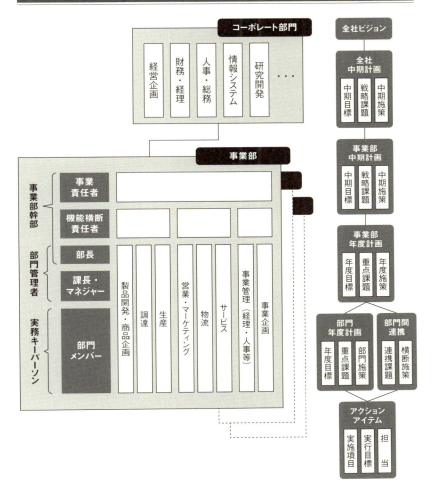

図1　ケースにおける組織構造と経営計画体系

場人物の前提を置いておくことが必要です。図1にあるように、事業部内の役割として、事業責任者、機能横断責任者、部長、課長・マネジャー、部門メンバーを役割として設定しました。

・事業責任者：文字どおり、事業全体に対する最終責任者です
・機能横断責任者：組織規模によって存在しない場合もありますが、複数の機能部門を統括する責任者です

・部長：各機能部門の部門責任者です。通常、機能部門の組織単位に対して設定されています

上記の事業責任者、機能横断責任者、部長をまとめて「事業部幹部」としています。事業の方向性や目標・課題の検討をリードする役割を担います。

・課長・マネジャー：各部門の業務・実務を取り仕切る管理職層です。呼称は、課長・マネジャー・リーダーなどさまざまです

部長と課長・マネジャーをまとめて「部門管理者」としています。部門の目標や課題を検討していく際の中心メンバーです。本書のテーマである部門のKPIの検討においても同様です。

・部門メンバー：各部門の業務・実務を行っている担当者です

部門メンバーの中には、課長・マネジャーなどの管理職ではなくても、現場の実務や管理に精通しているキーパーソンがいます。本書ではそれらの人を「実務キーパーソン」としています。部門の目標・課題の整理や、KPIの設定を適切に進める際には、部門管理者と実務キーパーソンが連携することが多い、ないしは連携して進めるべきであるため、登場人物の1つとして設定しています。

事業部内の機能部門とは別に、コーポレート部門を想定しています。図1のとおり、経営企画、財務・経理、人事・総務、情報システム、研究開発などの機能を担う組織です。単一事業の企業の場合には、それらの企業が事業部組織の一部として存在しているケースもありますが、複数事業の企業の場合は、事業部とは別にコーポレート部門ないしは本社部門があるケースが多いでしょう。本書ではコーポレート部門・機能と事業部とのかかわり方も記述していくため、事業部の外にコーポレート部門がある想定としています。以上が組織構造に対しての想定です。

経営計画の体系

経営計画の体系に戻ります。本書の主テーマであるKPIの設定の

中心対象は、部門年度計画になります。事業部の中期計画・年度計画の達成に向けて、各部門がなにを目標にし、どのような行動をより強化していくかについて部門のKPIを設定していきます。具体的な要素や定義については後述します。

部門年度計画と並行する形で「部門間連携」のテーマがあります。個別部門だけでは対処できない、ないしは部門間の連携のもとに対処すべき課題やテーマを整理し、部門横断施策として推進します。

通常、部門年度計画だけで完結することは少なく、なにかしらの部門間連携のテーマが必要になります。また、タイムリーかつ適切に部門間連携のテーマを認識・設定できるかが、事業強化につながる大切な要素でもあります。そこで本書においても、事業部の計画から部門計画に落とし込む流れの中で、部門間連携テーマの設定について記載しています。

経営計画体系の最後がアクションアイテムとなります。部門レベル・部門間の連携での目標や施策を踏まえて、具体的な実施項目とその実行目標、担当を設定していきます。

戦略マップと戦略課題のKGIを設定する

続いて、図2をご覧ください。経営計画体系でのKPI設定を進める際に、なにを検討・整理していくかの枠組みを表しています。会社によって、構成要素が異なってくる面はありますが、もっともオーソドックスなケースと考えてください。

事業部レベルでは、事業部としての戦略マップと戦略課題のKGI（Key Goal Indicator）を整理します。戦略マップとは、「事業目標と事業目標を達成するための戦略課題を、戦略課題間の相互関係を整理しながら一覧化したもの」です。図2では、バランスト・スコアカードの4つの視点からの戦略マップのイメージを記載していますが、それには限りません。

戦略課題のKGIとは、「戦略マップの戦略課題1つひとつに対し

て、戦略課題が解決された状態を定量指標として設定したもの」で
す。戦略課題に対するKPIとも表現できます。

　戦略マップや戦略課題のKGIは、中期対象か単年度対象かという
点がありますが、これはケースバイケースです。戦略マップと戦略

図2　KPIマネジメントにおける枠組み

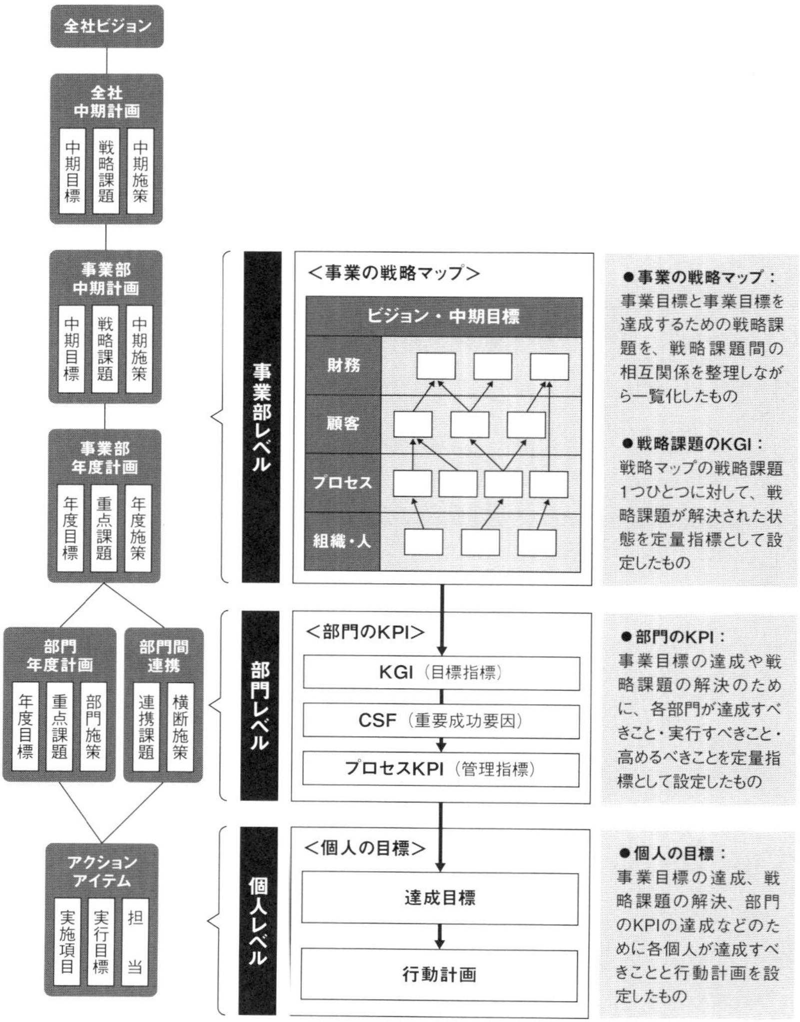

事業部レベル

〈事業の戦略マップ〉

ビジョン・中期目標
- 財務
- 顧客
- プロセス
- 組織・人

● 事業の戦略マップ：
事業目標と事業目標を達成するための戦略課題を、戦略課題間の相互関係を整理しながら一覧化したもの

● 戦略課題のKGI：
戦略マップの戦略課題1つひとつに対して、戦略課題が解決された状態を定量指標として設定したもの

部門レベル

〈部門のKPI〉
- KGI（目標指標）
- CSF（重要成功要因）
- プロセスKPI（管理指標）

● 部門のKPI：
事業目標の達成や戦略課題の解決のために、各部門が達成すべきこと・実行すべきこと・高めるべきことを定量指標として設定したもの

個人レベル

〈個人の目標〉
- 達成目標
- 行動計画

● 個人の目標：
事業目標の達成、戦略課題の解決、部門のKPIの達成などのために各個人が達成すべきことと行動計画を設定したもの

（左側フロー）
全社ビジョン → 全社中期計画（中期目標・戦略課題・中期施策）→ 事業部中期計画（中期目標・戦略課題・中期施策）→ 事業部年度計画（年度目標・重点課題・年度施策）→ 部門年度計画（年度目標・重点課題・部門施策）／部門間連携（横断施策・連携課題）→ アクションアイテム（実施項目・実行目標・担当）

課題のKGIを中期を対象に作成し、部門のKPIを設定する際には、中期並びに単年度のKPIを設定するケースもあります。事業戦略や施策のサイクルが比較的長い事業特性の場合や、中期計画を中計期間において固定（年度ごとの見直しを行わない）している事業・企業の場合にはこの形が多くなります。

中期の目標や施策を踏まえつつも、戦略マップや戦略課題のKGIは単年度を対象に設定しているケースもあります。経営環境の変化が激しく、事業戦略や施策のサイクルが比較的短ければ、中期計画を毎年度ごとに見直し・ローリングするケースが多くなります。

また、中期と単年度を組み合わせているケースもあります。たとえば、財務の達成目標などは中期目標に向けた年度ごとの目標を設定しつつ、戦略課題のKGIについては中期の目標のみを置くなどです。逆に戦略課題のKGIを単年度の達成目標のみ設定しているケースもあります。

どの形がよいのか正解はありませんが、部門のKPIは最終的には年度ごとに設定するので、事業の戦略マップにおいては、なにかしらの形で中期目線の要素が含まれている方がよいでしょう。その方が、中長期的な事業強化を視野に入れた部門KPIの検討につながりやすくなります。

部門レベルのKPIを設定する

次に部門レベルでは、部門のKPIを整理していきます。

部門のKPIとは、「事業目標の達成や、戦略課題の解決のために、各部門が達成すべきこと、並びに実行すること・高めるべきことを定量指標として設定したもの」です。部門のKPIの構成要素と定義については、改めて後述しています。

最後に個人レベルです。個人レベルでは、個人の目標を整理していきます。個人の目標とは「事業目標の達成、戦略課題の解決、部門のKPIの達成などのために各個人が達成すべきことと行動計画を

設定したもの」です。個人の目標を、いわゆる目標管理と連携して進めているケースも多くあります。ただし、KPIマネジメントの枠組みにおける個人の目標は、自己啓発やスキルアップ的な側面よりも、あくまでも事業目標や部門のKPI達成の観点からの個人の達成目標や行動計画が主であることに留意してください。

KPIの3つの構成要素

次に、図3をご覧ください。本書の主対象である部門のKPIについて、その構成要素と定義を記載しています。KPIは3つの構成要素からなります。

・成果KPI：業務・活動の目標に対する成果指標と目標値。目標指標やKGI（Key Goal Indicator）と呼ぶこともあります。部門として達成すべきことはなにか、それを定量的な指標と目標値でいうとどうなるかです。

・重要成功要因：成果KPIを達成するにあたり、決定的な影響を与える活動や施策。CSF（Critical Success Factor）とも表現されます。成果を達成するためにキーとなる要因はなにかです。重要成功要因は定性的に検討・整理する形で問題ありません。

・プロセスKPI：目標達成のため重要となる重要成功要因に対する管理指標と管理基準値。管理指標や狭義のKPI（Key Performance Indicator）と呼ぶこともあります。部門の成果KPIを達成するために、とくに高めるべきこと、しっかり実行すべきことはなにか、それを定量的な指標と管理基準値でいうとどうなるかです。

以上の3つの要素を踏まえて、KPIを達成するためにとるべきアクションとその期限がアクションアイテムになります。

このように、総称としてのKPI（広義のKPI）の中に、成果KPI（KGI）とプロセスKPI（狭義のKPI）があると考えてください。以降本書では、特にことわりがなければ、以下のように用語を使用し

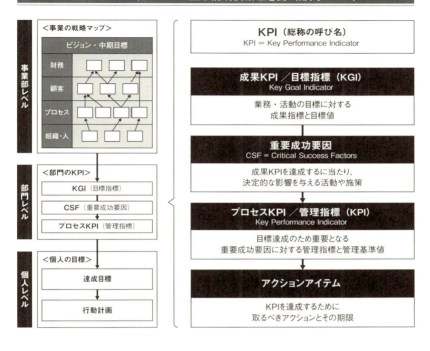

図3　KPIマネジメントの主な構成要素と定義（部門レベル）

ていきます。
- 戦略課題のKGI：戦略マップの戦略課題に対してのKPI
- KGI：部門レベルの成果KPI
- プロセスKPI：部門レベルのプロセスKPI
- 部門のKPI：部門レベルの成果KPIとプロセスKPIの両方を含めた総称

KPIの設定・活用の10ステップの全体像

　最後に、本書で紹介するKPIの設定・活用のステップの全体像と、各ステップの概略内容と主な推進者を記述します。図4をご覧ください。推進者の欄は、先に整理した登場人物を当てはめています。各ステップの詳細については、第1章以降の各章で記述します。各

図4 ステップの全体像

ステップ	概略内容	主な推進者
1. 前期経営計画の総括	● 前期経営計画の振り返り（なにができて、なにができなかったか） ● 成果分析、要因分析、次期への課題と環境認識の整理	事業部幹部 ＋ 経営企画
2. 必達目標と戦略課題の整理（戦略マップの第1版作成）	● 重要な必達目標の明確化 ● 戦略課題や基本方針が決まっていない事項を整理	事業部幹部 ＋ 部門管理者
3. 戦略目標（戦略課題のKGI）の設定	● 戦略課題がクリアされた姿を考え、戦略課題のKGIを設定 ● 戦略課題や部門間連携テーマの主担当部門を設定	事業部幹部 ＋ 部門管理者
4. 部門のKGI・プロセスKPIの設定	● 各部門の主要課題と目標設定対象の整理 ● KGI（成果KPI）・重要成功要因・プロセスKPIの検討・設定	部門管理者 ＋ 実務キーパーソン
5. 取組みテーマの進め方の検討	● 部門間連携、方針要検討、本社への要望などのテーマ整理 ● 取組み優先順位と担当部門、達成目標（テーマのKPI）の設定	主要部門の 部門管理者
6. アクションプランの設定	● KGI・プロセスKPIに対してのアクションプランを整理 ● KGI・プロセスKPIと各個人の業務目標との関係を整理	部門管理者 ＋ 部門メンバー
7. 戦略マップの最終化と予算設定	● 戦略マップの最終化（トップダウンとボトムアップの融合） ● 単年度の予算・資源配分への展開（予算の最終化）	事業部幹部 ＋ 部門管理者
8. KPIマネジメントの運用ルールの設定	● 事業部としてのPDCAの基本方針の設定 ● KPIの進捗共有の方法、調整・意思決定の場と方法の設定	事業部幹部 ＋ 部門管理者 （＋経営企画）
9. コーポレート部門で対応すべき事項の整理	● 各事業の検討内容から全社施策のネタを整理 ● コーポレート部門の取組みテーマとしてテーマのKPIを設定	経営企画 ＋ コーポレート各部門
10. KPIでPDCAを回す	● KPIを活用したP「DCA」（部門内、部門間・事業部レベル） ● 見える化とコミュニケーション、定期的な振り返り	部門管理者 ＋ 部門メンバー

章を読み進める中で、全体的な流れを確認する必要があれば、立ち戻ってご覧ください。

ステップ1：前期経営計画の総括

　前期の経営計画の振り返りを行います。経営計画で設定していた目標と施策の達成状況・実施状況を踏まえて、「なにができて、なにができなかったか」を整理します。財務目標を中心とした成果分析、結果に至った要因分析を行います。

　総括は、次期や次期経営計画に向けての課題を整理することなので、結果評価という意味だけではなく、「次に繋ぐ」という意味で大切です。KPIの設定の面からも、なにが課題であったのか（次期における重要成功要因はなにか）や、次の経営計画ではどのような課題や取組みテーマがあるか（なにに対してKPIを設定すべきか）を認識することにもなります。

　また、次期経営計画に向けての環境認識をしっかりと整理するという意義もあります。事業の外部環境が変わってきているのであれば、その変化を前提として目標の検討・設定につなげていくことが必要です。

　対象となる経営計画が中期経営計画か年度経営計画かはケースバイケースです。中期経営計画の最終年度にあたる場合は、年度の振り返りとともに、中期経営計画の総括も行う形になります。

　経営計画の総括は、事業部幹部と経営企画が連携して行います。事業を推進する立場からの振り返りと、全社的な立ち位置から見た認識を共有・整理することが望まれるからです。次期経営計画に向けた環境認識や制約事項（経営資源の配分）などは経営企画から提示するなどの進め方が想定されます。

ステップ2：必達目標と戦略課題の整理 （戦略マップの第1版作成）

　次期の経営計画における重要な必達目標の明確化と、戦略課題の整理を行います。重要な必達目標とは、売上高・利益・キャッシュ

フローなど、経営計画における財務面での重要目標や、シェア・市場でのポジショニングなどの非財務の最上位の重要目標です。財務の目標だけであってもかまいません。

　経営計画の中心をなす重要目標を仮置きでもよいので明確にすることで、それを達成するための戦略課題はなにかを高い視点で検討することができます。また必達事項はなにかを事業部幹部としてしっかりと認識することにもつながります。重要な必達目標は、事業部自らの設定でもかまいませんが、多くの場合は経営者ないしは経営企画から「これだけの経営成果が必要」との観点からトップダウン的に提示されることが多いでしょう。

　次に、重要な必達目標を達成するための戦略課題はなにかを抽出・整理します。この時点では、戦略課題の抽出が網羅的にできていなくてもかまいません。とくに重要な戦略課題はなにかの認識を合わせることができていればよいと考えます。そして、それぞれの戦略課題にどのように対処・対策していくかの基本方針的なことが整理できれば、次の戦略目標の設定や部門でのKPI検討につながっていきます。

　戦略課題の検討を進めていくと、「戦略課題・重要テーマではあるが、どう対処・対応するかの基本方針が定まっていない事項」を認識することにもつながります。「基本方針要明確化テーマ」などと呼びます。基本方針が定まっていないのですから、戦略課題のKGIをすぐに設定できるわけではないですが、方針を明確するためにどのような検討や検討体制が必要かを整理するのは大切です。

　認識した重要な戦略課題や基本方針要明確化テーマを、戦略マップの形でいったん整理しておくとよいでしょう（戦略マップの第1版）。事業部内で認識を合わせること、戦略課題の検討の抜け、漏れのチェックや基本方針が定まっていないことの追加検討に役立ちます。

　戦略課題の整理は、事業部幹部と部門管理者が連携して進めます。事業部幹部の視点と、現場をまとめている部門管理者の視点か

ら重要な戦略課題の洗い出しを行うのです。コーポレート部門として認識している事業の戦略課題を盛り込んでいく場合には、経営企画などのコーポレート部門が連携に加わることも有効です。

ステップ3：戦略目標（戦略課題のKGI）の設定

ステップ2で整理した戦略課題1つひとつに対して戦略課題のKGIを設定していきます。戦略課題がクリアされた状態を考え、定量的な指標と目標値を設定します。

目標値については、後述する部門のKPIの検討や戦略マップの最終化などを進める過程で見直しされることになっても問題はありません。できるだけ高い目標設定をすることを含めて、この時点では仮置きの目標水準でかまいません。

戦略課題のKGIの設定とともに、戦略課題の解決を推進する主担当部門を設定します。通常は、主担当になった部門は、その戦略課題の解決がその部門の目標設定対象となります。主担当部門の設定とともに、関連部門や連携部門を設定する場合もあります。

また、通常はこの段階で、前述の基本方針要明確化のテーマを含めて、部門間で連携して解決、ないしは検討するテーマがいくつか設定されています。その場合は主担当部門は複数部門となるのか、あるいはいずれかの部門がなるのかを決定します。

戦略目標の設定は、戦略マップの整理と同様に、事業部幹部と部門管理者の連携で進めていく形になるのが通常です。

ステップ4：部門のKGI・プロセスKPIの設定

ステップ3までで、事業全体のレベルでの重要目標と戦略課題、部門間で連携すべきテーマなどがいったん整理されます。次はそれらを受けて、各部門のKGIとプロセスKPIを設定します。このステップが、本書の主テーマである部門レベルでのKPI設定に対してのコアのステップになります。

部門のKGIの検討に進む前に、各部門の主要課題の整理をします。

事業レベルで経営計画の総括を行うと、部門レベルでも部門の過年度の取組みの振り返り、現状の課題、外部環境・内部環境の変化などを認識します。

そして、部門の主要課題と並行して、部門としての目標設定対象の整理を行います。なにに対して部門のKPIを設定するのかの整理です。目標設定対象が整理されたら、その１つひとつに対して、KGI→重要成功要因→プロセスKPIを検討・設定していく形になります。それらの一連の検討の進め方や着眼点については、第４章で詳しく述べます。

部門のKGI・プロセスKPIの設定は、部門管理者と実務キーパーソンで進めます。部門の業務に対しての責任者である部門管理者だけで進める形もありえますが、現場の実情を踏まえたKPI設定を行っていくためには、実務キーパーソンも参画して検討する形が望ましいといえます。とくに、重要成功要因とプロセスKPIの検討については、現場の実情や現場業務を行っている中で認識している管理ポイントなどを加味して検討することが大切であるからです。

ステップ５：取組みテーマの進め方の検討

部門のKPIの検討・設定で、すべてが部門のKPIに展開されるかというとそうではありません。部門間で連携すべきテーマ、直接的に部門のKPIとして展開するのが難しく、そもそもの方針を検討することが必要なテーマ、部門だけでは解決するのが難しく、事業部レベルや本社・コーポレート部門に検討や方針検討をしてもらわなければならないテーマなどが認識されてくるのが通常です。

ここではこれらの事項を総称して「取組みテーマ」と呼ぶことにします。取組みテーマを埋没させることなく、うまく抽出して「検討・具体化すべきこと」として公のテーブルの上に載せていくことが大切です。

取組みテーマが抽出・整理できたら、各テーマの取組み優先順位と検討・推進の担当部門、検討の進め方を設定していきます。すべ

てを同時に進められないケースもあるので、優先順位を決めることも重要です。

　合わせて、各取組みテーマの達成目標（取組みテーマのKPI）を決めます。ここでの達成目標は、定量的な効果・成果よりも、その取組みテーマについていつまでに基本方針を明確にするかや、いつまでに制度・ルールを整備するかなどの期限の目標として設定されることが多くなります。

　取組みテーマの進め方の検討は、各部門で検討するのではなく、主要部門の部門管理者の連携・討議の中で進めます。テーマ自体は、各部門のKPIの検討の中で認識しますが、その多くが部門間が絡む事項や事業部全体に影響する事項であるため、テーマの確認・優先順位の検討などを含めて、事業部の主要部門の各部門管理者が連携することが必要です。実務キーパーソンが参画する形でもよいですが、各部門の事情にひきずられた検討にならないように、上位の視点で取組みテーマを検討していくことが大切です。

ステップ6：アクションプランの設定

　部門のKPI並びに取組みテーマの進め方の整理を受けて、具体的なアクションプランを整理していきます。KPIを達成するためにとるべきアクションとその期限と担当の整理です。

　KPIの設定の面からは、あくまでも部門として達成すべきこと・行うべきことの整理が主であり、各個人がなにを行うかは、その結果整理できることと捉えます。一方、個人の目標管理（MBO：Management by Objectives）を導入している企業においては、部門として設定するKGI・プロセスKPIと各個人の業務目標とをリンクさせることで、個人の目標管理の取組みレベルを高めることにもつながります。

　アクションプランの設定は、部門管理者と部門メンバーが連携して進めます。アクションプランの設定を通じて、部門管理者がそれぞれの業務の目的・狙いや、業務を進める上でのポイントなどを部

門メンバーにしっかりと伝えていくことが大切です。

ステップ7：戦略マップの最終化と予算設定

　ステップ4～6の検討結果を踏まえて、ステップ3でいったん設定した戦略マップの最終化を行います。理論上は、ステップ3で戦略マップを検討して部門のKPIに展開すれば、戦略マップの最終化の工程は必要ないように思えるかもしれません。しかし実際には、ステップ3の時点では、重要戦略課題を中心に抽出している状況であり、部門レベルで検討を行っているなかで新たに戦略課題や取組みテーマとすべき事項を認識するのが通常です。それ自体は決して悪いことではありません。現場・実務レベルからの問題提起・課題のトスアップがあることは、むしろ良いことと捉えるべきです。

　したがって、ステップ4～6を終えた段階で、追加で認識した戦略課題や取組みテーマを戦略マップに反映させる流れをとる形になるのが一般的です。それにより、トップダウンの目標・戦略課題の検討と、ボトムアップの課題抽出が融合することになります。

　戦略マップの最終化とともに、財務を中心とした目標達成水準の最終化も行います。中期経営計画から検討を行っている場合においても、最終的には単年度の予算を設定していきますので、ステップ2、ステップ3で設定していた目標達成水準の見直しを含めて、予算の最終化として行う形になるケースが多いです。

　この段階では、目標・予算と、その達成のために必要な資源（戦略投資・経費の配分、人員配置など）の裏付けもしっかり整理されていることが必要ですので、資源配分の予算設定も行う形になります。

　以上から、戦略マップの最終化と予算設定は、事業部幹部と部門管理者で進めます。目標の最終化・調整、資源配分の検討・調整が主な事項となるからです。

ステップ8：KPIマネジメントの運用ルールの設定

　ここまでは、事業部と部門のKPIを設定するためのステップです。KPIの設定と並行して、ないしは設定がおおむね終わった段階で必要となるのが、設定したKPIをどのように運用・活用するかという点です。

　KPIを設定するだけではKPIマネジメントとはいえません。KPIでPDCAをしっかりと回していくことが重要です。その基本方針を定めるステップです。

　運用ルールでどのようなことを整理・設定するべきかについては第8章で詳述しますが、主な事項はKPIの進捗・共有の方法、会議体や調整・意思決定の場とその実施方法の設定などです。

　KPIの運用ルールの設定は、第一義的には事業の責任者層である事業部幹部で検討し、それを部門管理者が展開する形になります。ただし、複数事業を行っている企業の場合は、マネジメントやPDCAの進め方について、コーポレート部門がその方針や制度やシステムを企画・運営している場合があります。そのようなときには、経営企画なども運用ルールの検討に参画していく形になります。

ステップ9：コーポレート部門で対応すべき事項の整理

　各事業での戦略課題の検討やKPI設定を進めていくと、事業部だけで解決するのは難しい事項や、コーポレート部門がリードして企画や課題解決を進めるべき事項が出てきます。それらをしっかりと拾い上げて、全社施策のネタとして整理することが大切です。

　そして、必要性や優先順位の検討を行って、コーポレート部門が推進する取組みテーマとして設定していきます。部門のKPIと同様に、コーポレート部門においても取組みテーマにKPIを設定して、狙い・効果や実施期限についての目標を設定する形が望まれます。

　このステップは、事業部からのトスアップや要望をインプットにしながら、経営企画やコーポレートの各部門が進めます。

ステップ10：KPIでPDCAを回す

　KPI設定を終えたあとの日常のPDCAにおけるKPIの「活用」です。KPIの設定は、いわばPDCAの「P」ですので、「DCA」の部分に相当します。

　KPIを活用したマネジメントの側面からは、見える化とKPIを活用したコミュニケーション、定期的な振り返りを組み込んでいくことなどが主なポイントになります。

　部門内での「DCA」、部門間や事業部全体のレベルで「DCA」を含めて第10章で改めて解説します。

　KPIでPDCAを回すのは、部門レベルでいえば部門管理者と部門メンバーが、部門間連携テーマなどの場合は、事業部幹部と部門管理者が中心となって進めていきます。

第1章
〈ステップ1〉前期経営計画の総括

　本章では、前期の経営計画の振り返り・総括について記述します。経営計画で設定していた目標と施策の達成状況・実施状況を踏まえて、「なにができて、なにができなかったか」を整理します。

〈ステップ1〉
前期経営計画の総括

内容

◎前期経営計画の振り返り
（なにができて、なにができなかったか）
◎成果分析、要因分析、次期への
　課題と環境認識の整理

主な推進者

事業部幹部＋経営企画

成果を分析する

　図1・1をご覧ください。前期経営計画の振り返り・総括のイメージです。その中心は、事業活動の成果の分析と、その要因を整理していくことです。

　成果の分析は、中期目標・年度目標の達成状況の整理から進めます。中期目標・年度目標の達成状況の整理は、本書の概念でいうと、戦略課題におけるKGIの達成状況の整理と言い換えることもできます（序章図2）。

　目標の達成状況の整理は、まさしくその達成状況を「達成・未達成」や「○・×・△」で評価していきます。定量的な目標が設定されている場合は、その目標に対して実績がどうだったかを見ればよいでしょう。目標が定量的でない場合にも、その狙いから考えて、感覚的に「達成・未達成」や「○・×・△」で評価していく形でも問題ありません。正しく点数をつけることが目的ではありません。

図1・1　前期経営計画の総括の視点

成果の分析と要因

- 達成・遂行状況
  - 中期目標・年度目標（戦略課題のKGI）
  - 重点施策
- 要因
  - リソース
  - マネジメント
  - 方針・方策
  - その他
  - …
  - 外部環境

KPIマネジメントへの取組み
- 事業部レベル
- 部門レベル

環境認識
- 3C分析
- PEST要素
- …

↓

明らかになった課題をもとに次期経営計画の立案と経営管理活動のブラッシュアップを進める

　成果の分析のもう1つの側面として、目標を達成するための重点施策の遂行状況について整理をします。ここでいう重点施策とは、事業の目標を達成するための事業レベル、ないしは部門横断レベルで設定されている施策と捉えるとよいでしょう。

　本来、施策とは目標を達成するための「手段」ですから、成果の分析は目標の達成状況だけを対象とすればよいともいえます。しかし、事業レベルの事業活動の「成果」としては、「事業の目標」に向けて「重要課題」をクリアするために設定されている「重点施策」の遂行状況も、合わせて成果と捉えた方が実務的です。「達成すべきこと」（目標）と「重要なやるべきこと」（重点施策）に対してどういう結果であったかを整理するのです。

　重点施策の遂行状況の整理も、目標の達成状況と同じく、「達成・未達成」や「○・×・△」などで評価していきます。重点施策は、明確な定量目標が設定されていない場合が多いかもしれません。そ

の際には、目標の評価と同様に感覚的に評価していく形でかまいません。

重点施策の目標は、施策の進捗といった期限の目標が設定されている場合も多いでしょう。そのときには、期限が守られたかどうかの評価と、期限までにどれだけの進捗があったかを合わせて評価するとよいでしょう。同じく、多少感覚的な評価であってもかまいません。

結果の要因を整理する

成果の分析よりも大切なのが、要因の整理です。成果は事業活動の結果なので、定量的な指標の達成・未達成を含めて、ある程度明確になっています。大切なのは、そうした結果になった要因を組織としてしっかり認識することです。目標が達成できた要因とはなにか、できなかった要因とはなにか、重点施策が狙った進捗や効果を実現できなかった要因とはなにかを認識して、次期の目標や施策の検討につなげていくことこそが重要です。要因の整理をしっかりと行うためには、成果に対する評価を厳しめにしておいた方がよいでしょう。

要因の整理は、要因として想定されるいくつかの観点を持って検討していくとよいでしょう。代表的な観点は以下のとおりです。

・リソース：ヒト・モノ・カネなどの経営資源（リソース）の投入レベル、ヒトのスキルレベルなどのリソースの質的な要因
・マネジメント：方針の浸透・徹底、PDCAの仕組みや進め方、幹部・管理者のリーダーシップなど、マネジメント（管理）のあり方の良否
・方針・方策：戦略方針や方策そのものに妥当性があったか、環境や状況に適したものであったか
・外部環境：競合の動き・打ち手の良否、顧客のニーズや動向の変化、事業環境の変化などによる要因

過年度から経営計画の振り返りを行っている場合には、要因の観点についてのノウハウ・蓄積もあるでしょうから、それらの観点をもとに達成・未達成の要因を討議していくとよいでしょう。

　要因の整理で留意してほしいのは、単に討議するだけではなく、その結果をしっかりと言葉で整理して記録するということです。記録することによって、事業全体での共通認識とすることができます。単なる言いっぱなしではなく、明らかになった要因や課題を次期の経営計画に活かしていくことが大切です。

　対象となる経営計画が、中期経営計画か年度経営計画かはケースバイケースです。中期経営計画の最終年度には、年度の振り返りとともに、中期経営計画の総括も行う形になりますが、途中の年度においても、中計目標や中期施策の進捗評価と要因整理を年度ごとに行っているケースもあります。

環境認識を整理する

　次は、次期経営計画に向けた環境認識の整理です。事業の種類や特徴によって、整理の対象項目はさまざまですが、ここでは一般的な観点を提示します。

（1） 3C分析

　3C分析の要素である顧客（Customer）、競合（Competitor）、自社（Corporation）の動きや変化の観点から分析します。
・顧客のニーズや動向で留意しておくべき事項はないか
・競合の動きや新たな戦略・打ち手で、とくに留意しておくべき事項はないか
・自社の基本方針の変化やリソースの状況などから、戦略や計画の検討において留意しておくべきことはないか

　3つのCに加えて、協力会社（Co-Operator）の観点を加えて整理する方がよいケースもあります。

よく見受けられるのが、競合の戦略に動きがあるにもかかわらず、前期と同じ前提で経営計画を策定してしまっているケースです。たとえば、店舗型のビジネスで、競合が新規出店を加速し、自社の既存店の競合エリアへの出店を仕掛けているようなケースです。こうした場合には、前期同様の前提で数値目標を検討するのではなく、競合が出店する影響を踏まえたり、それに対する対策を計画に織り込んでいく必要があります。顧客のニーズや動向の変化が、前年度の事業活動の中で把握できているようなケースでも同様です。直近の事業環境や顧客動向を踏まえるようにしてください。

また、自社についても、前年度までの事業活動の結果を踏まえて、次年度の方針や目標の前提そのものを見直す場合もあります。たとえば、方針を転換して積極的な事業拡大をねらうようなケースです。長期計画や中期計画を策定し、狙う目標やそのスピード感自体が変わるケースもあるでしょう。こうした場合には、前期の成果の分析とその要因整理とともに、次期計画の前提条件を整理し、目標やKPIの設定につなげていきます。

(2) PEST要素

法制度や規制（Politics）、経済情勢（Economy）、社会環境（Society）、技術動向（Technology）の変化や動向の観点です。

3C分析が事業に関連するプレーヤーの変化・動向であるのに対して、PEST要素はプレーヤー以外の広く外部環境的な要素の変化や動向であると捉えてください。

3C分析の要素と同様に、事業に影響する重要な外部環境要素の変化がある場合は、次期経営計画における目標・施策、並びにKPIの検討を進める際に、その影響を踏まえておく必要があります。環境の変化が新たなリスクや課題を生み出すこともあるでしょう。一方で、新たなチャンスにつながるケースもあります。

KPIマネジメントへの取組みを総括する

　前期の経営計画を総括する観点の最後として、本書の主テーマであるKPIマネジメントへの取組みの面から総括します。これは、事業活動の結果としての「成果の分析と要因」、事業の外部環境としての「環境認識」に加えて、自社の「マネジメント・PDCAのあり方」からの総括であると捉えてください。

　戦略課題のKGIや部門のKPIなど、個々のKPIの振り返り・見直しについては、第10章「KPIでPDCAを回す」で述べます。ここでは、マネジメント・経営管理の活動としてのKPIマネジメントへの取組み状況の総括について述べます。

　KPIマネジメントの取組みの総括は、事業部レベルと部門レベル

図1・2　KPIマネジメントへの取組みにおける総括の視点（事業部レベル）

KPIの設定についての総括
- 戦略課題の認識（戦略マップ）の妥当性
- 戦略課題のKGIの指標そのものの妥当性
- 戦略課題のKGIの達成水準の妥当性
- KPIを検討・設定するプロセス

KPIを活用したマネジメント活動についての総括
- マネジメントへの活用状況
  ― 事業計画・戦略課題のPDCA
  ― 組織内コミュニケーション（コーポレートと部門、部門間など）
- KPI活用上の課題・ネック
  ― PDCAのプロセス
  ― 会議体などの活用場面
  ― 情報・データについての基盤や収集プロセス
  ― ヒト・組織のスキル・ノウハウ
  ― 浸透・定着活動
- 事業推進上の課題のトスアップ
  （全社取組みテーマ、部門間連携テーマなど）

に分けて検討するのが実務的です。

（1）事業部レベルの総括

　図1・2をご覧ください。事業部レベルでKPIマネジメントへの取組みの総括を行う際の主な観点を挙げています。事業部レベルとは、事業の戦略マップと戦略課題のKGIを対象とすると捉えてください（序章図2）。

　総括は、KPIの設定についての総括と、KPIを活用したマネジメント活動についての総括の2つに分けて進めると整理しやすくなります。

○**KPIの設定についての総括**

　KPIの設定内容そのものや設定のプロセスについてです。

・戦略課題の認識（戦略マップの妥当性）

　戦略課題はなにかという認識そのものが正しかったかという観点です。当初に想定した戦略課題が、事業活動を進める中で変化していないか、より優先度・重要度が高い戦略課題が発生していないかというケースです。中には、想定していた戦略課題がそもそも違っていたという場合もあります。そうした場合には、次期に向けて改めて戦略課題への認識合わせや、事業幹部で共有する戦略マップの見直しが必要となります。

・戦略課題のKGIの指標そのものの妥当性

　戦略課題に対して、設定しているKGIの指標が妥当であったかという観点です。定量的な指標として妥当だったか、よりよいと思われる指標はないか、指標としてのデータの把握・測定面での課題はないか（把握・測定のタイミング・精度・粒度）などを検討します。

・戦略課題のKGIの達成水準の妥当性

　戦略課題のKGIの達成水準が妥当であったかという観点です。水準が高すぎて目標が現実的でなかった、逆に低すぎたなどのケースです。高すぎた・低すぎたという認識がある場合には、次のKPIを検討・設定するプロセスと合わせて、次期の経営計画における設定

のあり方を検討します。

・KPIを検討・設定するプロセス

KPIを検討・設定するプロセス・過程は妥当だったか、よりよい進め方はなかったかという観点です。中期計画・年度計画の策定、戦略課題の整理（戦略マップの作成）、戦略課題に対するKGI設定の一連のプロセス全体を対象として検討します。

戦略課題の整理の一般的な進め方については、第2章で述べます。トップダウン・ボトムアップ双方の要素をいかに織り込んでいくか、自社の事業の特徴や組織風土に合っているか、よりよい方法はないかという観点から検討できるとよいでしょう。

◯KPIを活用したマネジメント活動についての総括

KPIを活用したマネジメント、すなわちKPIを活用したPDCAの回し方についての総括です。

・マネジメントへの活用状況

事業部レベルとして、事業計画や戦略課題の実行管理にKPIを活用したかという観点です。せっかくKPIを設定しているのに、日々の経営管理の場面で活用されていない場合には、活用のあり方そのものに見直しや改善が必要です。

また、会議体などの公式の場でKPIが報告・確認されるだけでなく、KPIが組織内のコミュニケーションとして活用されているかという観点も重要です。具体的には、コーポレートと部門間、または事業部内の部門同士において、KPIを用いて事業や活動の状況を把握しているか、問題の所在や対策の必要性などを連携・検討しているかについて検討します。日常管理における活用という観点でも活用状況を振り返ってみましょう。

・KPI活用上の課題・ネック

活用状況でなにかしらの課題があると感じた場合には、もう一歩踏み込んで、どこに課題・ネックがあるのか、どうすれば改善できるのかを考えます。相応に活用はされていても、利便性・効率性の面から不具合があれば、課題や改善点を整理していきます。

次の5つの観点から、課題・ネックを検討していくとよいでしょう。
― PDCAのプロセス：月次・週次などのPDCAの回し方やタイミング、事業部幹部・部門管理者などのタテの役割分担、事業部内の部門間などのヨコの役割分担
― 会議体などでの活用場面：会議体の目的・位置づけ、参加者、会議後のフォローやアクション
― 情報・データについての基盤や収集プロセス：データを集める・加工する・分析するなどのための情報基盤や、業務の流れにおける課題、データの粒度・鮮度・精度についての課題など
― ヒト・組織のスキル・ノウハウ：KPIを活用する事業部幹部や部門管理者のスキル・ノウハウ・経験における課題、組織としてのマネジメントスタイルの課題や特徴など
― 浸透・定着の活動：KPIやKPIマネジメントの考え方を理解・浸透させていくための活動の企画・実行状況、事業部としての活動の徹底度合い、よりよい浸透・定着の活動の案など
・事業推進上の課題のトスアップ
　KPIマネジメントの取組みを進めていると、全社で新たに取り組むべきテーマや部門間の連携で対処すべきテーマなどが認識できてきます。このように新たな事業推進上の課題はあるか、その課題はマネジメント活動の中でトスアップされているか、という観点からの振り返りです。

（2）部門レベルの総括

　次に、部門レベルでのKPIマネジメントへの取組みの総括です。図1・3をご覧ください。事業部レベルと同様に、取組みの総括を行う際の主な観点を挙げています。部門レベルとは、各部門のKPI（KGI・CSF・プロセスKPI）を対象とすると捉えてください（序章図2）。事業部レベルと同様に、KPIの設定についての総括と、KPIを活用したマネジメント活動についての総括に分けて考えます。

図1・3　KPIマネジメントへの取組みの総括の視点（部門レベル）

KPIの設定についての総括

- 部門の目標設定対象の認識の妥当性
- 部門のKPIの指標そのものの妥当性
- 部門のKPIの達成水準の妥当性
- KPIを検討・設定するプロセス

KPIを活用したマネジメント活動についての総括

- マネジメントへの活用状況
    - 部門目標のPDCA
    - 組織内コミュニケーション（上司・部下、課・チーム間など）
- KPI活用上の課題・ネック
    - PDCAのプロセス
    - 部内会議などの活用場面
    - 情報・データについての基盤や収集プロセス
    - ヒト・組織のスキル・ノウハウ
    - 浸透・定着活動
- 業務推進上の課題のトスアップ
    - 方針面・リソース面・管理面の課題
    - 他部門への要望事項、上位組織（事業部・コーポレート）への要望事項
    - 新たな目標設定対象

○KPIの設定についての総括

　部門のKPIの設定内容そのものや設定のプロセスについてです。

・部門の目標設定対象の認識の妥当性

　なにに対して部門目標を設定するかという対象の抽出・整理についての観点です。抜け・漏れの観点もあれば、優先度・重要度の観点から部門の目標設定対象にすべきであったという観点もあります。また、事業活動を進める中で、次年度には新たに目標設定の対象とすべきものが生まれてくるケースもあるでしょう。

　部門の目標設定対象の整理については、第4章で記述しています。それをもとに、妥当性の検討や次年度に向けての見直し点を検

討するとよいでしょう。
・部門のKPIの指標そのものの妥当性
　部門の目標設定対象に対して設定しているKGIやプロセスKPIの指標は妥当であったかという観点です。定量的な指標として妥当であったか、よりよいと思われる指標はないか、指標としてのデータの把握・測定面での課題はないか（把握・測定のタイミング・精度・粒度）などを検討します。
　プロセスKPIの妥当性に関連しては、重要成功要因の検討が十分だったかという観点からの検討も必要です。KGI・重要成功要因・プロセスKPI設定の観点は第４章で解説しているので、それを参考にして妥当性や見直し点の検討を進めるとよいでしょう。
・部門のKPIの達成水準の妥当性
　KGI・プロセスKPIの達成水準が妥当であったかという観点です。達成水準が高すぎて目標として現実的ではなかったようなケース、逆に低すぎたケースなどです。高すぎる・低すぎるという認識があった場合は、次のKPIを検討・設定するプロセスと合わせて次期の経営計画における設定のあり方を検討していきます。
・部門のKPIを検討・設定するプロセス
　KPIを検討・設定するプロセス・過程が妥当であったか、よりよい進め方はないかという観点です。とくに、検討する場面で、部門管理者と実務キーパーソン・部門メンバーがどうかかわるかという課題や改善点を抽出できるとよいでしょう。より現場の実情に即したKPI設定をするにはどうするかとの観点から検討してください。
○KPIを活用したマネジメント活動についての総括
　総括・振り返りの観点としては、前述の事業部レベルの観点と同様なので、各項目については省略します。補足的な事項としては以下のとおりです。
・マネジメントへの活用状況
　組織内コミュニケーションについては、部門内の上司・部下のコミュニケーション、課やチーム間のコミュニケーションと読み替え

てください。

・KPI活用上の課題・ネック

　観点としては、事業部レベルと同じです。ヒト・組織のスキル・ノウハウや浸透・定着活動については、事業部レベルの方針・施策として進めている事項が中心であることが多いでしょう。しかし、人材育成やKPIについての理解・浸透については、事業部レベルの方針・施策とは別に、部門独自の取組みが必要な場合もあります。その際には、部門としての取組みの面からの総括を進めてください。

・業務推進上の課題のトスアップ

　KPIマネジメントへの取組みを含めて、部門としての業務を進めている中では、少なからず次のような課題認識が生まれてきているはずです。

― 方針面・リソース面・管理面の課題：部門の業務運営方針は現状のままでよいのか、人的資源などのリソース面の課題や補強の必要性、部門の業務管理のあり方の面の課題

― 他部門への要望事項、上位組織（事業部・コーポレート）への要望事項：自部門だけでは解決できない事項への対応、事業部や全社レベルで方針や制度・仕組みを整備すべき事項への対応など

― 新たな目標設定対象：前期末や当期初には認識していなかったが、その後の事業環境の変化などから、次年度は部門の目標設定対象に加えるべき事項

　こうした課題をマネジメント活動の中で把握できているか、さらには、それらの課題をどのように事業部・全社に連携していくべきかという観点からの振り返りです。

　図1・4は、部門レベルでの総括・振り返り活動の結果を、部門・現場へフィードバックし、経営幹部（事業部・全社）へのフィードバックに用いている企業の参考例です。

　本章では、前期経営計画の総括として、大きく3つの要素（成果の分析と要因整理、環境認識、KPIマネジメントへの取組み）から

図1・4　総括の結果を活かす（参考例）

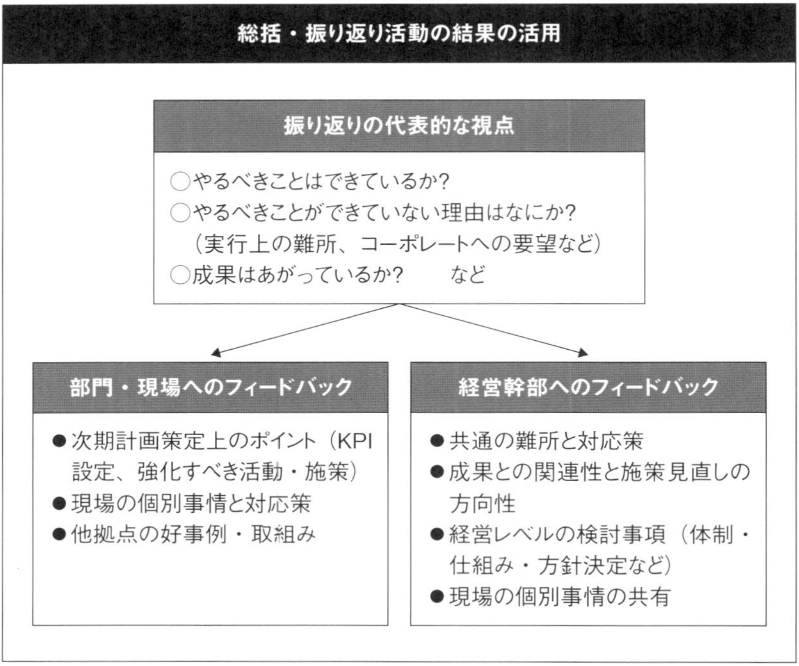

総括・振り返り活動の結果の活用

振り返りの代表的な視点
- やるべきことはできているか？
- やるべきことができていない理由はなにか？
（実行上の難所、コーポレートへの要望など）
- 成果はあがっているか？　　など

部門・現場へのフィードバック
- 次期計画策定上のポイント（KPI設定、強化すべき活動・施策）
- 現場の個別事情と対応策
- 他拠点の好事例・取組み

経営幹部へのフィードバック
- 共通の難所と対応策
- 成果との関連性と施策見直しの方向性
- 経営レベルの検討事項（体制・仕組み・方針決定など）
- 現場の個別事情の共有

の総括の観点を整理してきました。これらの観点からの総括を進めることで、事業全体並びに各部門における戦略上・業務上の課題が明らかになり、次期経営計画の立案やKPIマネジメントを中心としたマネジメント活動のブラッシュアップにつながります。

第2章

〈ステップ2〉必達目標と戦略課題の整理
（戦略マップの第1版作成）

本章では、経営計画において重要な必達目標の明確化と、戦略課題の整理を進めていくステップについて解説します。認識した戦略課題を戦略マップの第1版として整理し、事業部内で共通認識としていきます。

〈ステップ２〉
必達目標と戦略課題の整理
（戦略マップの第１版作成）

内容

◎重要な必達目標と戦略課題の明確化

◎戦略課題や基本方針が
決まっていない事項の認識を共有

主な推進者

事業部幹部＋部門管理者

手順 > 1 > 2 > 3

重要な必達目標の明確化

絶対に死守すべき水準を設定する

　最初に、重要な必達目標の明確化を行います。重要な必達目標とは、売上高・利益・キャッシュフローなど、経営計画における財務面での重要目標や、シェア・市場でのポジショニングなどの非財務の最上位の重要目標です。

　複数の事業を行っている企業では、全社での目標値を視野に入れながら、各事業に対する必達目標がガイド的に示されていることが多いのではないでしょうか。企業によっては、ガイドが「期待値」を含む形でやや高めに示される場合もあるでしょう。こうした場合には、「期待値」としての目標とは別に「これだけは絶対に死守す

べき水準」としての必達目標を合わせて設定するケースがあります。

　いずれにせよ、仮置きでもよいので必達目標を明確にすることは、「どこを狙うか」を明示し、事業部幹部の共通認識を持つ上で重要です。「死守すべき水準」としての必達目標からは「最低限あげるべき成果と、そのために取り組まなければならない課題や取組みはなにか」の検討につながります。また、「期待値」としての必達目標からは、「より高い目標を実現する上で足りていないこと、新たに取り組まなければならない課題や取組みはなにか」の検討につながります。つまり、戦略課題はなにかをできるだけ高い視点で検討することにつながるのです。

各事業が独自に設定するケース

　必達目標が、経営者ないしコーポレートの経営企画などからガイドとして示されるのではなく、各事業が独自に設定するケースもあるでしょう。この場合は、必達目標の水準の目線をどう持つかが重要です。「低すぎる目標」「できる目標」になってはいけません。

　市場での競争環境、全社的観点からの必要利益、他の事業との関係などから「達成可能かつ高い目標」「勝てる目標」であることが望ましいのですが、この観点からも、各事業の重要な必達目標は、経営者・コーポレート部門と各事業のやり取りの中で設定されていく形が望ましいでしょう。

　重要な必達目標の「項目」については、事業全体の売上・利益・キャッシュフローなどのほかに、いくつかの重要戦略項目とセットで示します。たとえば、売上ならば、事業部としての全体の売上高のほかに「戦略A製品の売上高〇億円」「戦略ターゲット顧客層でのシェア〇％向上」というように、重要戦略項目の目標とセットで設定します。

　これにより、必達目標の中身がより事業戦略とリンクして設定されることになります。また、重要戦略項目の必達目標達成に向けての戦略課題はなにかという検討にもつながります。

手順 1 2 3
戦略課題の抽出

トップダウンとボトムアップ 2つのアプローチ

　次に、重要な必達目標を達成するための戦略課題はなにかを抽出・整理していきます。この時点での抽出は、網羅的でなくてもかまいません。必達目標達成のために、とくに重要な戦略課題はなにかという認識を合わせられればいいのです。

　事業部の戦略課題を抽出するアプローチとしては、大きくトップダウンとボトムアップの2つがあります。図2・1をご覧ください。

　トップダウンアプローチは、経営目標・全社戦略・中期計画の実現という観点から各事業や部門の戦略課題や重要テーマを抽出するアプローチです。全社視点から導かれる、各事業や部門に対しての要請・期待事項ともいえます。経営としてなにを狙うか、全社戦略

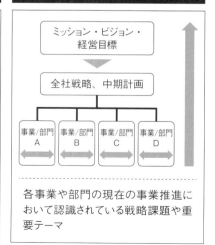

図2・1　事業部の戦略課題抽出における2つのアプローチ

における各事業の位置付け、外部環境にどう対処していくかなどの観点から設定されます。

ボトムアップのアプローチは、各事業や部門の現在の事業推進の中での課題認識から戦略課題や重要テーマを抽出するアプローチです。これは、部門管理者や事業現場の目線での戦略課題といえます。どちらかというと、短期目標を達成するための目線での戦略課題が中心となりますが、中期・長期の目線での戦略課題も含まれてしかるべきです。

進め方としては、トップダウン・ボトムアップのいずれかのアプローチがよいというのではなく、双方のアプローチから抽出する方がよいでしょう。経営目線からの戦略課題と事業現場目線からの戦略課題を双方から抽出・整理し、戦略課題を総合的に認識していく形が望ましいです。

バランスト・スコアカードの枠組みの活用

双方のアプローチからの戦略課題を抽出・整理する際の視点としては、バランスト・スコアカードの枠組みを用いることが相応にあります。もちろん、それ以外の枠組みを用いても問題はありません。各社が独自の枠組みを検討・活用しているケースは数多くあります。

バランスト・スコアカードの枠組みでは、企業や事業のビジョン・組織目標を達成するための戦略課題を「財務」「顧客」「内部プロセス」「学習と成長」の４つの視点から整理します。図２・２に、４つの視点において、それぞれどのようなことを設定・整理するかをまとめて整理しています。

ビジョン・組織目標では、会社・事業が狙う将来のありたい姿（ビジョン）と、ビジョンの達成過程における中期的な定量目標（組織目標）を掲げます。「なにを」「どの水準で」「いつまでに」を具体的に置くことが大切です。手順１で検討した重要な必達目標

図2・2 戦略課題の抽出・整理の枠組例 ～バランスト・スコアカード～

ビジョン
将来的にありたい姿を表現したもの

組織目標
ビジョンを達成する過程における中期的な定量目標

組織目標の設定要素
- 対象：連結グループ、企業単体、事業部が
- なにを：目標となる指標：売上高、各利益率、キャッシュフロー、シェアなど
- どの水準で：具体的な数値目標の水準
- いつまで：達成時期

財務の視点
中期・短期の財務目標をどのように達成するのか？

- 財務目標をどのように達成するかを「成長性」「利益性」「効率性」の観点からブレイクダウン
  - 主な製品・サービスや市場のセグメントごとの、事業拡大の方策と目標水準
  - 利益性・付加価値の向上をもたらすための方策と目標水準
  - 資本効率・資産効率を高めるための方策と目標水準　　　　　　　　　　　　　など

顧客の視点
顧客に対してどのような価値や満足を提供すればよいのか？

- 財務目標達成のために必要となる、顧客に提供する価値や満足の強化項目とその目標水準
- 業種・事業・ビジネスモデルによって異なる「勝ちかた」の戦略であり、かつ企業によって異なる差別化戦略

内部プロセスの視点
上記を達成するためには、どのような内部プロセスの改革・改善が必要か？

- 財務の視点、顧客の視点の目標を達成するためのプロセス・業務の改革・改善の方向性（打ち手）と、その目標水準（プロセスの卓越度）
- 業種・事業・ビジネスモデルによって異なるビジネスプロセスにおける各企業の改革課題や施策

学習と成長の視点
上記を継続的に支えるためには、組織・人材・経営基盤などにおいてどのような改革・改善が必要か？

- 上記の3つの視点を支え、継続的に競争力を維持・向上し続けるための、組織・人材・経営基盤などに対する改革・改善の方向性（打ち手）とその目標水準（能力の水準）
- 検討の視点は業種を問わず共通的ではあるが、具体的な改革課題や施策は各企業により異なる

は、組織目標として設定されるのが通常です。

「財務の視点」では、中期・短期の財務目標をどのように達成するかを展開します。通常は「成長性」「利益性」「効率性」の観点からブレイクダウンします。中期・短期の財務目標のいずれか、また両方を対象とするかはケースバイケースです。その中でも多いのは、以下のいずれかです。

・中期の財務目標の展開を行い、顧客以下の戦略課題に繋げていく形（顧客以下の戦略課題も中期目線での検討が中心となる）
・中期の財務目標の展開を行うとともに、その項目に対して短期・単年度の目標値も設定する形（顧客以下の戦略課題は、中期・短期双方の目線からの検討となる場合が多い）

しかし、戦略課題の整理の目的によっては、単年度の財務目標の展開と戦略課題の整理を中心に行う場合もあるので、一概にはいえません。その場合は戦略課題も短期目線での検討になります。

次に「顧客の視点」では、自社の顧客に対してのどのような価値や満足を提供すればよいかについての強化項目を検討します。企業によって異なる差別化戦略が表れなければならないところです。

「内部プロセスの視点」では、財務の視点・顧客の視点の目標を達成するためにどのような内部プロセスの改革・改善が必要かを検討します。各企業の業務・ビジネスプロセスの卓越度・習熟度に応じて、各企業の改革課題や施策を抽出していきます。

最後に「学習と成長の視点」では、上記3つの視点を継続的に支えるために、組織・人材・経営基盤などにおいてどのような改革・改善が必要かを検討します。この検討では、業種を問わず共通している部分が多くあります。しかし、具体的な改革課題や施策は、内部プロセスと同様に各企業の組織の状況に応じて異なってきます。

図2・3をご覧ください。バランスト・スコアカードの枠組みによって戦略課題を整理したイメージです。この図は、実際の企業における整理結果をもとにしています。戦略マップについては後述しますが、図のような形で組織目標を達成するための戦略課題を抽出

図2・3 バランスト・スコアカードによる戦略課題の整理イメージ

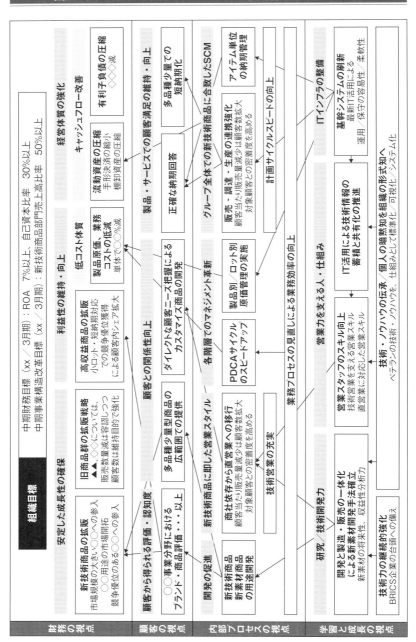

し、その全体像と相互関係を整理すると考えてください。

なお、図2・2の各視点にある「目標水準」については、ステップ3の「戦略目標（戦略課題のKGI）の設定」で設定していきます。したがってこの時点では、図2・3の整理イメージにあるように、戦略課題を定性的に表現する形で問題ありません。強化項目や改革・改善の方向性を整理しておきます。

ただし、財務の視点の戦略課題については、方策のブレイクダウンと合わせて、できればその目標水準も設定できているとよいと考えます。求められる財務成果の「高さ」や「現状とのギャップの大きさ」によって、顧客・内部プロセス・学習と成長の戦略課題の取組みレベルに影響を与える可能性があるからです。

以上を前提に、4つの視点それぞれに戦略課題を検討する際の一般的な検討のポイントを解説します。

財務の視点

まず「財務の視点」です。図2・4をご覧ください。一般的には、組織目標にある財務の目標（重要な必達目標）を、以下の3つの点からブレイクダウンしていきます。
・成長性：いかにして売上を増加させるか
・利益性：いかにして利益額・利益率を高めるか
・効率性：ヒト・モノ・カネへの投下資本の回収と資産効率をどのようにして上げるか

成長性の検討においては、製品・サービス軸と市場軸のマトリクスで検討するのが実務的です。図2・5にあるように、どの製品や市場を伸ばすのか（逆にいえば、伸びない製品や市場はなにか）を検討し、伸ばすべき製品や市場とその目標水準をある程度設定していきます。

利益性の検討は、製品・サービスの販売ミックスや付加価値向上

図2・4 財務の視点 —検討のポイント

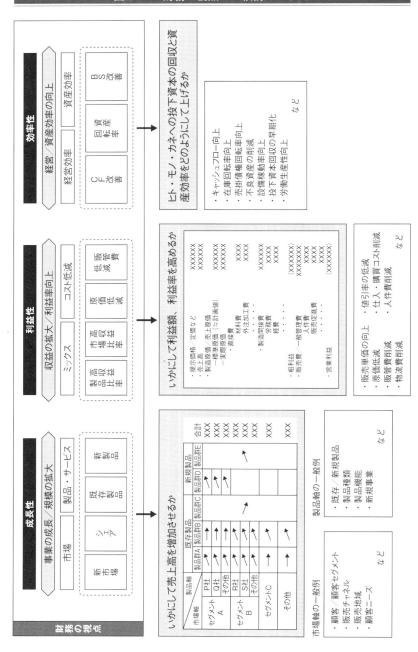

図2・5　財務の視点における戦略課題の項目例

成長性 （売上の増大）	利益性 （利益率の向上）	効率性 （資本・資産の有効活用）
● 既存製品の売上向上 ● 既存製品のシェア向上 ● 新製品の売上高向上 ● 新市場の開拓 ● 新事業の立上げ ● 顧客数の向上 ● 取扱製品アイテム数の増加 ●	● 販売単価の向上 ● 値引率の低減 ● 原価低減 ● 仕入・購買コスト削減 ● 販売・管理費の削減 ● 人件費削減 ● 物流費削減 ●	● キャッシュフローの向上 ● 在庫回転率向上 ● 売掛債権回転率向上 ● 不良資産の削減 ● 設備稼動率向上 ● 投下資本回収の早期化 ● 労働生産性向上 ●
要は、 ○既存の売上をどのようにして伸ばしていくか ○新規の売上をどのようにして伸ばしていくか についての戦略課題を洗い出す	要は、 ○粗利段階の利益率・額をどのようにして上げるか ○営業利益段階の利益率・額をどのようにして上げるか についての戦略課題を洗い出す	要は、 ○ヒト・モノ・金への投下資本の回収と資産効率をどのようにして上げるか についての戦略課題を洗い出す

の視点とコスト低減の視点に大きく分けられることが多いでしょう。製品・サービスの利益率が異なる場合には、そのミックスが変わることによって利益率・額が変動します。したがって、どの製品・市場を伸ばすのかという点は、成長性だけでなく、利益性の向上においても検討されないといけません。

　高い利益率の製品・サービスを拡販していくには、顧客に対して付加価値を提供しなければならないので、その目標を財務の視点で設定することは、顧客の視点からの戦略課題の検討につながります。

　一方、利益率の向上・維持をコスト低減から実現していく視点も重要です。事業の費用構造を分析して、どこにコスト低減の余地が

あるかを想定・具体化し、コスト低減の主要項目と目標水準を設定していきます。

とくに、成長性と利益性のブレイクダウンは、できるだけ具体的に行っておきます。なにをどこまで伸ばすのか、どのような費用項目を低減するかが明確になっていないと、顧客や内部プロセスの視点での戦略課題の具体化が難しくなりがちです。その意味で、財務の視点での戦略課題は、単に戦略課題を列挙するというのではなく、「組織目標をブレイクダウンする」という観点を強く持ってください。弊社では、このブレイクダウンを「収益構造展開」と呼び、できるだけ具体的にブレイクダウンして検討してもらうために、検討フォーマットなどを設計するようにしています。

図2・5は、財務の視点における戦略課題の項目例です。収益構造展開を行う際には、このような観点からのブレイクダウンを行っていくとイメージしてください。図2・5の項目がすべて戦略課題として設定されるということではなく、これらの中から選択・設定されることが多いという位置付けでご覧ください。

効率性の検討は、投下資本の回収や資産効率をどのようにして上げていくかの観点です。この視点は製品・サービス別や市場別のなどのブレイクダウンではなく、事業全体の観点から設定されるケースが多くなります。在庫回転率、設備稼動率、労働生産性などの事業活動とリンクした効率化課題が設定されるケースもあれば、不良資産や遊休不動産の活用といった本業以外の観点からの効率化課題が設定されるケースもあります。

顧客の視点

次に「顧客の視点」です。図2・6をご覧ください。ターゲット顧客に対して、どのような価値・満足を提供するか、ニーズ対応の強化・向上を行えばよいかを考えていきます。一般的には、図にあるように「製品・サービスによる価値・満足の提供」「顧客との関

図2・6 顧客の視点 ――検討のポイント

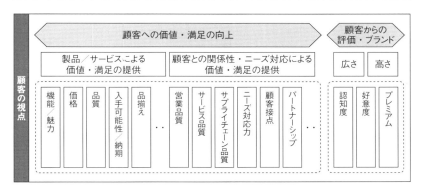

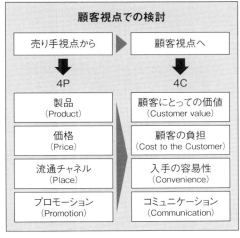

係性・ニーズ対応による価値・満足の提供」などの観点から差別化の方向性を考えていくことになります。

図2・6にその候補の要素(機能・価格・品質など――営業品質・サービス品質など)をあげています。どの要素に戦略課題の

フォーカスがあたるかについては、まさしく事業・ビジネスモデルやその企業の差別化戦略によると考えてください。

　ここで、顧客の視点の戦略課題を検討する上で、留意すべきことを２点あげておきます。１つは「ターゲット顧客」を想定して検討するという点です。財務の視点での戦略課題において、どの製品や市場を伸ばすかという点を検討しています。そこで、その背景にあるターゲット顧客を想定して売上増を実現するには、その顧客に対してどのような価値・満足を提供するべきかを考えるということです。ターゲット顧客の想定なしに、顧客の視点からの戦略課題は設定できないと考えてください。

　もう１つは、いわずもがなでありながら、しかし意外と難しい、「顧客視点」で検討するという点です。財務の視点での売上増や付加価値の向上は顧客からの支持があってこそです。したがって、顧客にとっての価値・満足・メリットの観点から検討することが大切です。図２・６にある「売り手視点から顧客視点へ」で検討するということです。

　それと同様の留意点として、戦略課題の検討を進める際に、顧客の視点と内部プロセスの視点が混同しがちになるという声をよく聞きます。混同しやすい理由も理解できるので、こうした場合には、次のように考えてみてください。

・顧客の視点：付加価値が高い、ないしは売上増につながる製品・サービスを顧客に喜んで買っていただくために、顧客にどのような価値・満足を提供できればよいか、提供できないといけないかを考える。あくまでも顧客からみた価値・顧客が感じる価値を検討する。

　次の項で述べる内部プロセスの視点は、あくまでも自社の内部の業務やプロセスにおける改革・改善点を対象としている点が異なります。

内部プロセスの視点

「内部プロセスの視点」については図2・7をご覧ください。すでに述べたとおり、どの業務・プロセスでどのような改革・改善を行えば財務の視点・顧客の視点の目標が達成されるかを考えていきます。一般的には、図の右側にあるような、事業の基幹業務プロセスや管理系の業務プロセスのどこに課題があるかということを検討し、改革・改善テーマを具体化していきます。

図の吹出しの記述にあるように、業務プロセスをイメージしながら、たとえば「経営情報の質とスピードの向上の課題がある」「サプライチェーンマネジメント・在庫管理に課題がある」「業績管理の仕組みに課題がある」というように、改革・改善が必要な対象やテーマを整理していく形でよいでしょう。

留意すべきは財務の視点や顧客の視点とのつながりで、内部プロセスの視点の戦略課題を考える点です。内部プロセス単独ではなく、つながりで考えてください。たとえば、財務の視点の成長性や付加価値の向上、顧客の視点での価値・満足の提供を実現するため、製品の企画・開発や顧客接点の強化の業務での改革・改善が必要となる、財務の視点の利益性や効率性の向上のために間接業務の効率化やコストダウンが必要になるなどです。

もちろん、財務や顧客の視点とのつながりとは関係なく、内部プロセスにおける重要課題が認識されている場合もあると思いますが、そうした場合にも財務の視点・顧客の視点とのつながりから内部プロセスの戦略課題を検討するという視点を欠いてはいけません。

学習と成長の視点

次に「学習と成長の視点」です。図2・8をご覧ください。3つの視点を支え、継続的に競争力を維持・向上していくには、組織・人材・経営基盤などにおいてなにを改革・改善する必要があるかを

図2・7　内部プロセスの視点　—検討のポイント

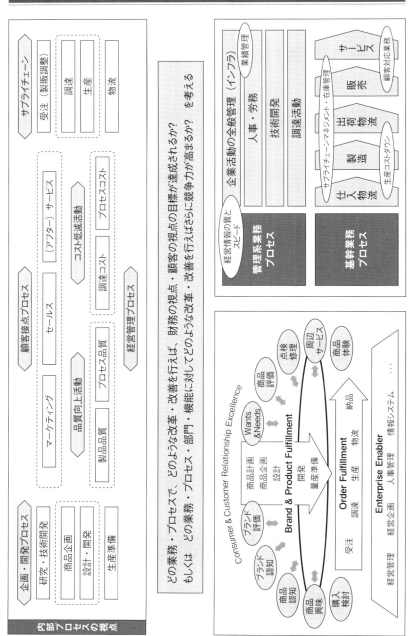

図2・8 学習と成長の視点 ―検討のポイント

学習と成長							
	人材	組織	ナレッジ	組織風土	経営の仕組み	アライアンス	その他

人材
- **人材育成**
  - 経営幹部
  - 社員研修
- **スキル開発**
  - 研究開発
  - 海外事業
  - 営業
  - 生産技術
  など
- **人事制度**
  - 採用
  - 配置
  - 評価
  - 処遇

組織
- **組織・管理体制**
  - グループ経営
  - 事業単位
  - 地域統括
  - アウトソーシングの活用
- **資本構成**
  - 持ち株会社制
  - IPO
  - MBO
  - 被買収対策
- **拠点戦略**
  - 拠点再編
  - 海外進出

ナレッジ
- **戦略的知識の保有**
  - 知的財産
    ・特許
  - 研究開発力
  - 技術開発力
  - 顧客連携
  - 市場分析情報
  - 製造ノウハウ
  - 営業ノウハウ
  など
- **知識の共有と活用**
  - 商品知識
  - 現場改善ノウハウ
  - 顧客折衝履歴
  など

組織風土
- **自己改善の組織風土**
  - ビジョンの浸透
  - 戦略的浸透
  - 継続的改善
  - 目標必達
  - QCサークル
  - ダイバシティ
  - フラット組織
  - 360度評価

経営の仕組み
- **経営管理制度**
  - 業績評価基準
  - PDCAの仕組み
- **管理会計制度**
  - 管理セグメント
  - 処遇との連動
- **システム・インフラ**
  - 基幹システム
  - 各種データベース
  - 情報共有インフラ
  - 生産性向上ツール

アライアンス
- **目的に応じたアライアンス・パートナーシップ**
- [目的]
  - 技術力の取込み
  - 販路の拡大
  - 海外拠点
  - 顧客資産の獲得
  - スケールメリットの獲得
  - 商材の拡充
  - サポート体制強化
  など
- [手段]
  - 資本提携
  - 業務提携
  - M&A
  など

その他
- リスクマネジメント
- コンプライアンス
- 内部統制
- CSR
- 環境対応

3つの視点を支え、継続的に競争力を維持・向上していくためには、組織・人材・経営基盤などにおいて、なにを改革・改善する必要があるか？を考える

考えていきます。一般的には、図にあるような人材、組織、ナレッジ、組織風土、経営の仕組み、アライアンスなどの要素における改革・改善テーマが対象となります。3つの視点とのつながりで、学習と成長の視点の戦略課題を考えるという点は、内部プロセスの視点と同様です。

　内部プロセスの視点と学習と成長の視点、どちらに含めるべきかを迷うとの声もよく聞きます。たとえば、どちらにもあがりうるテーマとして、経営管理制度や経営の仕組みに関する戦略課題があります。どちらの視点が適切かという意味での正解はなくケースバイケースなので、あまり厳密に捉える必要はありません。あえていえば、学習と成長の視点は「ひと言でいうと経営のインフラや基盤に関する戦略課題」と捉えるといいでしょう。「経営のインフラの整備、基盤の強化」という側面の色合いが強ければ、学習と成長の視点として捉えます。一方、マネジメントプロセスの改善・強化というような色合いが強ければ、内部プロセスの視点で捉えます。

　別の言い方でいうと、学習と成長の視点の戦略課題は「より中長期の視点での経営基盤の強化の視点からの課題である」と考えるとよいかもしれません。学習と成長の視点には、中長期的な効果を狙う、または中長期のスパンでしか効果が現れないような組織・人材系の戦略課題であると認識してください。

　以上、バランスト・スコアカードの4つの視点での戦略課題の抽出の観点を紹介しました。

　最後に、実際に戦略課題の検討を進めていくと「戦略課題・重要テーマであることは間違いないが、どう対処・対策するかの基本方針が定まっていない事項」を認識するケースがあります。弊社ではこれらを「基本方針要明確化テーマ」などと呼びます。重要なテーマであるがゆえに、また部門間に跨るようなテーマであるがゆえに、基本方針が定まっていないという場合が多いのです。

　こうした基本方針要明確化テーマも、戦略課題として合わせて認

識しておくことをお勧めします。重要であるのに方針が定まっていないこと自体が戦略課題であると言えます。それらのテーマは、方針を明確にするためにどのような検討や検討体制が必要かということ自体を整理していきます。そのために、戦略課題の１つとして認識しておくことが必要です。

手順 1 2 3
戦略マップの第１版作成

戦略課題を一覧化する

　戦略課題の検討・抽出の最終工程として、認識した戦略課題を戦略マップの第1版として整理しておくことをお勧めします。繰返しになりますが、戦略マップとは「事業目標と事業目標を達成するための戦略課題を、戦略課題間の相互関係を整理しながら一覧化したもの」です。記述レベルや枠組みはケースバイケースですが、1つの作成イメージとしては前述の図２・３を参考にしてください。

　戦略マップとして一覧化しておくことで、事業部内の幹部・管理者の間での戦略課題の認識を合わせる、戦略課題の抜け・漏れをチェックするなどの面で有効です。

　図２・９をご覧ください。戦略マップの特徴と活用意義を整理します。先に述べた有効性は、図中の①にある「戦略課題を可視化し、組織内で共有する」という活用意義です。また、②にある業務機能・部門を越えての検討ができる点も重要です。その意味では、手順としては「手順2：戦略課題の抽出」と「手順3：戦略マップの第１版作成」となっていますが、実際の場面では手順2と手順3が一体化し、戦略課題の検討・抽出を行いながら戦略マップの作成を進めるという形になるケースが多いですし、実務的でしょう。その中で事業部幹部・管理者間での認識共有が進みます。

　戦略マップの「第１版の作成」としているのは、この時点では

図2・9　戦略マップの特徴と活用意義

戦略マップとは?

→事業目標と事業目標を達成するための戦略課題を、戦略課題間の相互関係を整理しながら一覧化したもの

《特徴と活用意義》
①戦略を策定するための分析手法ではなく、
- 目標と戦略課題・施策を**体系的に整理する**フレームワークである
- 戦略課題・施策を可視化し、**組織内で共有（コミュニケーション）する**フレームワークである

②その作成過程において、
- 経営目標の達成に必要な戦略課題や施策を**網羅的**に検討できる
- 業務機能・部門を越えて戦略課題を検討・共有することで、**バランスよく全社最適の打ち手**を検討できる

③その活用シーンにおいて、
- 適切なKPI（戦略課題のKGI）を設定することで、**戦略の実行状況を測定し、PDCAにつなげる**ことができる
- 目標や戦略課題の間の影響を考えながら、**最適なリソース配分・優先順位**（とその変更）を検討することができる

「戦略課題の抽出をすべてきっちりと終えていなければならないということではない」と捉えてください。きっちりと抽出できているに越したことはないのですが、戦略課題の認識整理が概略レベルでできていれば十分です。多少の抜け、漏れはあってもかまわないので、組織目標の達成を念頭に置きながら、それに向けた重要な戦略課題について事業部幹部・管理者の課題認識が吐き出されていることの方が重要です。

　抜け・漏れについては、この後のステップの「戦略目標の設定」や「部門のKPIの設定」を進めている中で、より部門レベル・実務レベルでの戦略課題などが追加で認識されるのが通常です。した

がって、それら追加で捕捉される戦略課題などを含めて、再度戦略マップを整理し、取組みの優先順位などを検討するステップを踏む方が実務的です。これにより、トップダウンの視点とボトムアップの視点がより高度に連携・融合することになります。その点については、ステップ7「戦略マップの最終化」で再度整理します。

戦略マップをチェックする

　作成した戦略マップについては、第1版であるとはいえ、その妥当性についてチェックを行います。図2・10に、戦略マップの主なチェックポイントを記載するので参考にしてください。

　この時点でのチェックとしては、図中の①の具体性や、②の論理性の点を中心に確認します。④の実行可能性は、この時点ではそれほど過度に確認する必要はありません。ステップ6のアクションプランの設定や、ステップ7の戦略マップの最終化の段階で優先順位や実行可能性は改めて検討します。

図2・10　作成した戦略マップのチェックポイント

①具体性：戦略課題の内容が具体的にイメージできるものとなっているか？

②論理性：論理的に整合性が取れているか？（矢印がうまくつながるか？）
　　　　　上下・横の戦略課題との矛盾はないか？

③選択と集中：総花的でないか？　業界他社の戦略と比べてユニークか？

④実行可能性：現実的に実行可能と思えるか？

　論理性のチェックについては、図2・3の戦略マップのイメージのように、戦略課題間を矢印（→）でつないでみると、論理性や矛盾のチェックに役立ちます。

　余談ですが、4つの視点間における矢印の向きは「下から上」

「上から下」のいずれでもかまわないものの、弊社としては図2・3のように「下から上」をお勧めしています。基本的には「学習と成長の視点の戦略課題を達成することでプロセスが良くなり、プロセスが良くなることで、顧客に価値や満足を提供することができ、その結果として事業の成長性・利益性が高まる」となっているので、「下から上」への矢印が「戦略課題のクリア→効果・成果」のイメージに合うと考えているからです。ただし、矢印が同じ視点の中で横につながるケースはあります。また、財務の視点の効率性の戦略課題に対しては、内部プロセスや学習と成長の視点の戦略課題からダイレクトにつながるケースもあります。財務の効率性向上や利益性向上のなかのコストダウンなどは、内部の業務改革や組織強化の結果として実現し、顧客の視点とは直接的に関係しない場合があるからです。

第3章

〈ステップ3〉戦略目標（戦略課題のKGI）の設定

　本章では、ステップ2で設定した戦略課題1つひとつに対して戦略課題のKGIを設定していくステップを解説します。戦略課題がクリアされた状態を考え、定量的な指標と目標値を設定していきます。

〈ステップ3〉
戦略目標
(戦略課題のKGI)の設定

内容

◎戦略課題がクリアされた姿を考え、
達成目標を設定

◎戦略課題や部門間連携テーマの
主担当部門を設定

主な推進者

事業部幹部＋部門管理者

　図3・1をご覧ください。本ステップで行う作業の一般的な使用フォーマットの例です。アミがかかっていない連携部門とメモの欄は必須記載項目ではありません。それぞれの欄についての検討・記載内容は後述します。

手順 1 2 3
戦略課題ごとの主担当部門の設定

仮置きでもよいので主担当部門を設定する

　前ステップで整理した戦略課題の1つひとつに対して、その課題解決や目標達成を主担当で推進する部門（主担当部門）を設定していきます。

図3・1 戦略課題のKGI設定シート

戦略マップの視点	戦略課題	主担当部門	連携部門	メモ（重点施策・部門間連携など）	戦略目標（戦略課題に対するKGI）			
					指標	目標達成水準		
						現状（今期）	来年度	中期目標
財務	成長性							
	利益性							
	効率性							
顧客								
内部プロセス								
学習と成長								

「戦略課題」の欄には、ステップ2で抽出・整理した戦略課題をそれぞれそのまま転記します。図2・3で示した戦略マップのイメージ例でいうと「新技術商品の拡販」「正確な納期回答」「基幹システムの刷新」などの戦略課題を記載枠に入るレベルで転記するのが一般的です。

担当部門は、通常は部レベルの単位での担当組織を設定します。課・グループなどのように、より小さな組織単位での設定であってもいいのですが、事業全体の戦略課題それぞれをどの組織が主担当で進めるかを整理する段階なので、部レベルでの設定で十分です。

主担当部門は、主要役割や業務分掌から考えて自ずと明確になっているケースが多いですが、中には決めきれないようなケースもあります。部門間で連携するテーマや、先の述べた基本方針が明確になっていないテーマのような場合です。こうした場合は、仮置きでもいいので企画や進め方の検討を行う部門を設定してください。どうしても決めきれなければ、事業部の企画部門などをいったん設定する形でも問題ありません。

主担当部門の設定は、事業部幹部における討議・決定のもとに進められるのが通常です。

手順 1 2 3
戦略課題の達成を測る指標の設定

戦略課題がクリアされた姿・状態を考える

　主担当部門が決定したら、それぞれの戦略課題について達成を測る指標を検討・設定します。指標設定の中心となるのは、部門管理者、事業部幹部、または事業部幹部と部門管理者というように、ケースバイケースです。指標が明確ならば部門管理者だけでよいのですが、目指すところを討議・すり合わせする必要があったり、なにをもって戦略課題の達成を測るかが明確になっていないような場合は、事業部幹部と部門管理者で討議する必要があります。

　指標設定のポイントは1つです。「その戦略課題がクリア（達成）された姿・状態を考え、それを定量的に測るものはなにか」を考え

図3・2　戦略課題のKGIの設定イメージ例（消費材メーカーの例：抜粋）

	戦略課題	戦略課題に対するKGI	
		指標	目標達成水準(略)
財務	新製品の売上拡大	新製品売上高、新製品顧客内シェア	
	コストリーダーシップ	主要製品別原価目標、売上高物流費率	
	効率的な在庫管理	在庫回転率	
	︙	︙	
顧客	顧客への利便性の提供	露出率、欠品率	
	顧客への安心の提供	クレーム件数	
	流通ニーズの充足	納期遅延率、配送リードタイム	
内部プロセス	営業企画・提案の強化	企画起案数、起案目標達成度	
	配送の効率化	単位当たり配送費、物流センター固定費	
	需要予測精度の向上	需要予測精度	
	︙	︙	
学習と成長	品質管理活動・恒久対策の強化	改善済件数、再発件数	
	情報収集力の向上	顧客の販売計画把握率	
	海外事業対応力の向上	海外対応コンピテンシー習得人数	
	︙	︙	

てください。定量指標を考える際のポイントは、後述のステップ4において記述する「成果KPI（KGI）の設定におけるポイント」と同様なので、その解説（第4章）を参考にしてください。

　図3・2、3・3に、戦略課題のKGIの設定イメージ例を示します。戦略課題の1つひとつに対して「なにをもってその達成を見ていくか」という指標を設定するイメージとして参考にしてください。

　戦略課題によっては、定量指標の設定が困難な場合もあります。制度・仕組み・システムの構築などがその代表例です。第4章で改めて解説しますが、そうした戦略課題や取組みテーマに対しては「いついつまでに○○を策定する／構築する」というような形で「期限の指標」を設定する形でもかまいません。期限の指標ばかりになるのはよくないのですが、基本方針の明確化が必要なテーマや、施策的な取組みを進めるような場合は、期限の目標が妥当なケースが相応にあります。

図3・3　戦略課題のKGIの設定イメージ例（製造卸売業の例：抜粋）

	戦略課題	戦略課題に対するKGI	
		指標	目標達成水準(略)
財務	直ユーザー売上の拡大	直ユーザー顧客数、顧客当たり売上高	
	異業種販売店の拡大	新規異業種代理店数、新規代理店売上高	
	付加価値の高い商売の実現	顧客別粗利益率目標、高収益製品販売額	
	⋮	⋮	
顧客	カスタマイズ対応強化（対深堀顧客）	×××受注モデル受注件数	
	圧倒的コストパフォーマンス（対既存顧客）	他社同等価格での販売件数	
	利便性の高い発注業務（対新規チャネル）	Web受注件数、Web受注化率	
	⋮	⋮	
内部プロセス	海外調達の拡大	海外調達比率	
	企画・提案ノウハウのヨコ展開	先行事例活用による受注件数	
	受発注プロセスの効率化	受発注業務従事工数	
	⋮	⋮	
学習と成長	将来に向けたアライアンス先開拓	新規連携先件数、販売連携目標コミット額	
	採算管理制度の徹底（不採算商売の低減）	対応策実施による粗利益額改善額	
	原価見積のプロ人材の育成	原価見積スキルマップクリア人数	
	⋮	⋮	

手順 1 ▶ 2 ▶ 3

指標の目標達成水準の設定

指標と目標達成水準はセットで設定

　戦略課題の達成を測る指標の設定ができれば、それに対しての目標達成水準を設定します。序章で定義したとおり、KGI・KPIは指標とその目標値ないしは管理基準値のセットで完成します。したがって、指標そのものの設定だけではなく、目標達成水準の設定まで行います。それにより、戦略課題に対してのKGIの設定が完了します。

　目標達成水準を設定する対象期間はケースバイケースですが、戦略マップを中期ないし中期・短期を合わせた期間で作成・整理している場合には、図3・1のフォーマットになるように、中期の目標と来年度の目標を共に設定することができるといいでしょう。

　すべての指標に対して目標達成水準が明確になるのが理想ではありますが、現実的には戦略課題の整理を行っている段階（ステップ2・ステップ3）では、すべての目標達成水準を設定するのは困難な場合も多くあります。たとえば、中期の目標や設定できているが、来年度を含む年度単位の目標への落とし込みは、部門のKPI設定を経て行う形がよいといったケースです。

　そうした場合は、ムリに目標達成水準を最終確定値として設定する必要はありません。「仮置き」でもよいので「この程度の目標水準をねらいたい」という目標値を設定できればベターです。仮置きなので、その後の検討を経て見直しの余地はあるという位置付けでかまいません。

　それも難しいならば、いったん未設定の形であってもかまいません。ただし、目標達成水準が未設定であるということは明確に認識しておき、その戦略課題の主担当部門が、次のステップである部門のKPI設定において目標達成水準を設定してください。図3・1の

フォーマットを用いることで、目標達成水準が未設定の戦略課題は自ずと明確になります。

戦略課題をどの部門が担当するか

最後に、戦略課題の主担当部門の設定パターンについて補足説明します。図3・1の「連携部門」「メモ（重点施策・部門間連携など）」としている欄の検討についてです。

主な主担当部門の設定パターンは図3・4のとおりです。記載以外のパターンもあるかもしれませんが、主なものとして整理します。
①主担当部門として単独の部門が設定
②主担当部門と連携部門が設定
③主担当部門が複数設定

①は、当該戦略課題を単独部門だけで遂行・達成していくような場合です。たとえば、新規受注の拡大という戦略課題を、基本的には営業部門だけの役割として、とくに部門間連携などの必要性は認識されていないようなケースです。

この場合には、当然ながら営業部門が戦略課題に対してのKGIを検討・設定します。通常は、それがそのまま部門の成果KPI（KGI）

図3・4　戦略課題の主担当部門の設定パターン例

パターン

①主担当部門として単独の部門設定
②主担当部門と連携部門が設定
　戦略課題達成のための主要施策の推進担当
　　A：連携部門が主要施策の主担当
　　B：戦略課題の主担当部門が主要施策の主担当
③ 主担当部門が複数設定

の主要項目となり、その達成のための重要成功要因とプロセスKPI・重点施策を検討・設定していくことになります。

②は、主担当部門のほかに、連携して戦略課題の目標達成を担う連携部門が設定されるケースです。連携部門が設定されるケースでは、多くの場合戦略課題を達成するための重点施策が複数部門に跨る形で検討されています。重点施策の推進担当の設定と合わせて考えると、さらに次のようなパターンが実務上は多いようです。

A：重点施策の主担当は連携部門が担う
B：戦略課題の主担当部門が重点施策の主担当も担う

Aのケースは、たとえば「商品・仕入原価の低減」という戦略課題は購買部門が担っているが、それを推進する重点施策の1つとして「仕入先との生産計画の電子交換」があがっており、その主担当部門は製造部門が担っているといったケースです。この場合には、図3・1においては、連携部門と重点施策を認識しておき、次のステップである部門でのKPIの設定につなげていきます。具体的には「商品・仕入原価の低減」の主担当部門である購買部門では、事業としての低減目標を部門の成果KPI（KGI）として設定し、さらに、その重要成功要因とプロセスKPIを設定していきます。その中の要素の1つに、製造部門が進める「仕入先との生産計画の電子交換」の活用によるコストダウンが入ってくると思われます。一方、製造部門では「仕入先と生産計画の電子交換」の推進施策は主担当として、他の製造部門の目標設定対象項目と並列の形でその推進目標や成果目標を部門の成果KPI（KGI）の1つとして設定することになります。

Bのケースは、たとえば「売上高物流費率の低減」という戦略課題は物流部門が主担当として担っており、それを推進する重点施策の1つである「共同配送の推進」の施策推進の主担当部門も物流部門が担うといったケースです。しかし、その施策推進と施策効果の実現のためには、営業部門・製造部門にも連携してもらう必要があります。

この場合には「共同配送の推進」の主担当部門である物流部門では、売上高物流費率の低減目標を部門の成果KPI（KGI）として設定し、さらにそれを達成するための重要成功要因とリンクする施策として「共同配送の推進」という推進目標や成果目標をプロセスKPIとして設定していきます。「共同配送の推進」が事業部にとって重要性が高ければ、重点施策の推進目標・成果目標を部門の成果KPI（KGI）とする整理の仕方でも問題はありません。

　一方、連携部門である営業部門や製造部門では、施策の主担当部門である物流部門との間で、施策についての期待役割や達成目標を確認します。理論的には、その内容を部門の目標設定対象の1つとし、部門の成果KPI（KGI）の設定を行うという形が望ましいでしょう。しかし、実務的には、期待役割や達成目標の部門としての重要性を勘案し、部門の成果KPI（KGI）とするかどうかを検討することになります。部門の成果KPI（KGI）としなかった場合も、物流部門との連携内容を踏まえて、製造部門・営業部門のアクション項目などには落とし込まれている形が望ましいです。

　③は、1つの戦略課題に対して複数の部門が主担当部門として設定される場合です。ケースとしては少ないでしょうが、事業部全体での改革テーマになっているような場合には、取組み内容と重要性の面から複数部門が主担当となるケースがあるでしょう。たとえば、事業全体での製造・開発・販売の連携を強化して、在庫効率の向上やリードタイムの短縮などの改革を進めるというような戦略課題です。

　こうした場合には、戦略課題の達成のための重点施策が複数設定されており、それぞれの施策に主担当部門が置かれている形になっているでしょう。戦略課題に対しての達成目標（戦略課題のKGI）は、部門間で共同で担う目標ないしは、事業部全体での目標として位置付けられ、各重点施策が各部門の目標設定対象の1つになって、その推進目標・達成目標を部門の成果KPI（KGI）として設定する形になるでしょう。

図3・5 目標・施策マトリクスのイメージ例

視点	戦略課題	戦略目標（戦略課題に対するKGI）
財務	新カテゴリー・新製品の拡大 顧客内シェアの向上	新製品売上高300億円／年
		新製品寄与率：15％／年
	コスト・リーダーシップ	商品・容器仕入原価削減率：10％
		売上高物流費率：6％以内
	保有資産の有効活用	FCF：100億円／年
		在庫回転率：3回転／月
顧客	顧客の利便性向上	露出率：95％
		初期売上高：5億円／製品
	顧客への安心の提供	クレーム件数：10件未満／月
		トレース可能率：10％向上／年
		店頭到達速度：平均5日
	流通とのWin-Winの関係構築	欠品率：5PPM以内
		納期遅延率3PPM以内
内部プロセス	コンセプトコミュニケーション強化	商品開発L／T：4ヶ月以内
		営業提案件数：3件以上／月
	サプライヤーとの情報共有	情報共有先仕入金額比率：10％向上／年
	在庫削減	需要予測精度：96％以上
学習と成長	マーケッターのスキル向上	商品開発時間比率：75％以上
	提案力・情報収集力の強化	販売予測精度：97％以上
	品質管理活動の徹底	重要クレーム解決L／T：翌日まで
		稼動率：95％以上
部門		経営企画
		マーケティング
		営業
		製造
		購買
		品質管理
		物流
		人事
		経理

(凡例) 部門　◎：主担当　○：連携　△：側面支援

	重点施策											部門								
	新製品開発の重点化	コンカレント開発の推進	原料・商品点数の絞込み	原価企画の強化	共同配送の推進	投資回収管理の徹底	週次イベント管理の徹底	販売予測精度の人事評価反映	仕入先とのロット情報電子交換	仕入先との生産計画電子交換	…	経営企画	マーケティング	営業	製造	購買	品質管理	物流	人事	経理
	◎	△	−	−	−	△	−	−	−	−		△	◎	○	−	−	−	−	−	−
	◎	△	−	−	−	−	−	−	−	−		△	◎	○	−	−	−	−	−	−
	△	−	◎	○	−	−	−	○	−	−		−	△	−	○	◎	−	−	−	−
	−	−	○	△	◎	−	△	−	△	−		−	−	△	△	△	−	◎	−	−
	−	−	−	○	◎	−	−	−	−	−		◎	−	○	−	−	−	−	−	−
	−	◎	−	−	−	○	−	○	−	−		−	◎	○	○	−	−	−	−	−
	−	△	−	−	−	◎	−	−	−	−		−	−	○	◎	−	−	−	−	−
	◎	−	−	−	−	○	△	○	−	−		−	○	◎	○	−	◎	−	−	△
	−	−	−	−	−	−	−	−	−	−		−	−	◎	○	○	−	−	−	−
	−	−	○	−	−	−	△	○	−	−		−	−	○	△	◎	−	−	−	−
	−	−	○	−	−	△	−	△	−	−										
	−	◎	−	−	−	−	−	−	−	−										
	−	○	−	−	−	◎	−	−	−	−										
	−	−	○	−	−	−	−	−	○	−										
	−	△	−	−	−	−	−	−	◎	−										
	−	−	△	−	−	◎	−	−	−	−										
	−	−	−	−	−	△	−	−	○	−										
	−	−	△	−	◎	−	−	−	○	−										
	○	△	○	−	◎	−	−	−	−	−										
	○	◎	○	−	−	△	−	−	−	−										
	○	△	○	−	○	○	−	−	−	◎										
	−	−	−	−	○	−	◎	○	−	○										
	−	−	−	−	△	−	△	−	○	−										
	−	○	△	−	−	○	△	−	−	−										
	−	△	△	◎	−	△	−	−	−	−										
	−	−	−	−	◎	−	−	−	−	−										
	−	○	−	◎	−	○	−	−	−	−										

(凡例) 重点施策　◎：戦略課題解決に強く寄与する施策　○：◎の施策に準じて寄与する施策　△：関連する施策

参考として「目標・施策マトリクス」を紹介します。図3・5をご覧ください。本書で述べているステップを進める上で、目標・施策マトリクスの作成は必須ではありませんが、戦略課題の達成のためどのような重点施策が必要であるのかや、その相互の関係や部門間連携のあり方を整理するために、作成する場合が多くあります。事業部全体で、どのような施策が必要かの全体整理が必要な場合には有効な手法です。

　目標・施策マトリクスを整理することで、認識した重点施策については、その主担当部門が中心となって部門のKPIを検討する形になります。

第4章

〈ステップ4〉
部門のKGI・
プロセスKPIの
設定

　本章では、事業レベルでの戦略課題の整理と戦略目標の設定を受けて、各部門が行うKGI・プロセスKPIの設定について解説します。ステップ3までが主に事業レベルでの検討であったのに対して、ここからは部門レベルでの検討が主となります。

〈ステップ4〉
部門のKGI・プロセスKPIの設定

内容

◎各部門の主要課題と目標設定対象の整理
◎KGI（成果KPI）・重要成功要因・プロセスKPIの検討・設定

主な推進者

部門管理者＋実務キーパーソン

図4・1は部門のKGIとプロセスKPIを設定する実施手順を示しています。以下、それぞれの手順ごとの実施内容を解説します。

手順 > 1 > 2 > 3 > 4

設定準備

高い視点から課題を抽出する

KPIの設定に先立って、設定準備の作業を行います。それは、部門の主要課題を「より高い視点」で整理しておくためです。部門のKPIの検討は、部門の目指す姿や狙う姿を目標として検討することです。

その際にありがちなのが、現状業務の目線で目標を検討してしまうことです。部門レベルの検討では、どうしても日常のオペレー

図4・1　部門のKGI・プロセスKPI設定までの手順

手順	実施概要	主なアウトプット
手順1 設定準備	●自部門のミッション（使命）、外部環境の変化、ビジョン（願望）と、それらからみた課題を整理する	●ミッション・外部環境変化・ビジョン整理シート
手順2 目標を設定する対象の検討	●経営計画、戦略課題（戦略マップ）、ミッション・外部環境・ビジョンについての整理などから自部門が目標を設定するべき対象の候補を整理したうえで、目標を設定する対象を選定する	●目標設定対象整理シート
手順3 KGI設定	●目標の設定対象に対して「目標が達成された状態」を測る指標とその達成水準の検討をする	●KGI・プロセスKPI検討シート 　― KGI（指標） 　― KGI（水準）
手順4 プロセスKPI設定	●目標達成のための重要成功要因（CSF）を検討する ●重要成功要因（CSF）が「解決されたこと」を測る、ないしは、「解決するために実行するべきこと・高めるべきこと」を測る指標およびその実行水準を検討する	●KGI・プロセスKPI検討シート 　― 重要成功要因（CSF） 　― プロセスKPI（指標） 　― プロセスKPI（水準）

ションや管理に引っ張られてしまいがちです。それを避けて、できるだけ高い視点でKPIを検討するために、設定準備の検討をお勧めします。

　では、どのような検討や準備作業をすればよいのでしょうか。さまざまな観点・手法が考えられ、決まった正解があるわけではありません。そこでここでは、1つの手法例として、部門のミッション・環境変化・ビジョンから部門の主要課題を考えていく手法を提示します。翌年度の目標を検討する前に「自部門のあるべき姿やありたい姿、想定しておくべき変化を検討する」とイメージしてください。

　実施のタイミングは、次年度の部門方針などを検討する前となります。年度で考えると、第4四半期の頭〜期末近くに行われることが多いでしょう。

ミッションから課題を抽出する

　図4・2〜4は、準備作業のワークシートのイメージ例です。図4・2は、自部門のミッションとミッションから見た課題を考えるための検討シートです。ミッションとは、ここでは広く「あるべき使命・役割」くらいに捉えてください。

　最初に、自部門のミッションを整理する上での観点を整理します。観点はこれといって決まったものがあるわけではなく、各社によって異なっていてもかまいません。一般的には、業務分掌や中・長期の経営計画などを参考にして検討することが多いようです。

　業務分掌からは「自部門の使命・存在意義とはなにか」「当然果たすべき機能・役割はなにか」ということを整理できます。また、中・長期の経営計画からは「その期間で主担当となっている重要戦略項目はなにか」を抽出できます。また、「自部門が今後期待されていることはなにか」を整理することもできます。

　ミッションを整理する観点が洗い出せたら、これに沿って自部門のミッションを設定してみます。具体的には「あるべき姿はなに

図4・2 自部門のミッションとミッションからみた課題を考える

① 検討準備
業務分掌や中期経営計画などに記載の自部門の使命や役割から、自部門におけるミッションを整理する上での観点を整理する

② あるべき姿の設定
①で洗い出した観点に沿って、自部門のミッション（あるべき姿、果たすべき役割、狙うべき強化の方向性など）を設定する

現状とのギャップの抽出

③ ミッションからみた課題
あるべき姿と現状とを比較し、抽出されたギャップから自部門が取り組むべき課題を抽出する

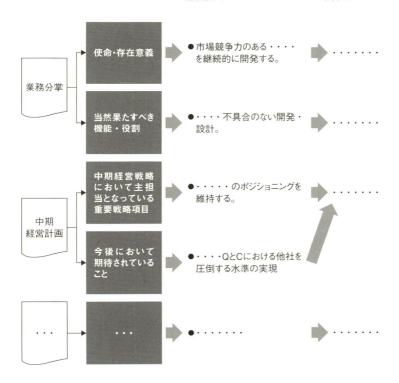

業務分掌
- 使命・存在意義 → ●市場競争力のある・・・・を継続的に開発する。 → ・・・・・・・
- 当然果たすべき機能・役割 → ●・・・・不具合のない開発・設計。 → ・・・・・・・

中期経営計画
- 中期経営戦略において主担当となっている重要戦略項目 → ●・・・・・のポジショニングを維持する。 → ・・・・・・・
- 今後において期待されていること → ●・・・・QとCにおける他社を圧倒する水準の実現 → ・・・・・・・

・・・ → ・・・ → ●・・・・・・ → ・・・・・・・

か」「果たすべき役割はなにか」「狙うべき強化の方向性はなにか」などが考えられます。言葉を慎重に練る必要はありません。どうあるべきかを強い言葉で書いてみるのがポイントです。

ここで大切なのは、あるべき姿としてのミッションを視野においてて、ミッションからみた課題を検討・抽出することです。あるべき姿と現状を比較し、何がギャップ・課題であるかを検討するのです。それが自部門として今後取り組むべき課題となります。

　現状ベースから見てしまうと、どうしても高い視点が持ちにくくなります。高い視点であるべき姿を考えることで、高い視点からの課題が抽出できます。

外部環境の変化から抽出する

　次に、図4・3は自部門に関する外部環境の変化とそこから見た課題を考えるための検討シートです。

　検討準備として、外部からの情報、現場からのフィードバックなどにより、自部門の外部環境に関連する情報を収集し、自部門の外部環境を整理する枠組みを設定します。枠組みは会社が属する業種や、部門・機能によって異なってもかまいません。図4・3では、一般的によく用いられる枠組みとして、3C分析やPEST分析を挙げています。

　3C分析の観点では、自社や自部門の業務について、顧客・競合・自社の観点で変化を考えてみます。PEST分析では、自社や自部門の業務に関連する法制度の変化・経済情勢の変化・社会環境の変化・技術の変化を考えます。その目的は、自部門を取り巻く外部環境について、今後想定される変化を整理することです。キレイに絞り込む必要はなく、考えられる変化を広く挙げておくという形でかまいません。

　また、枠組みに過度にこだわる必要もありません。現場からの情報・業界情報・社会情勢・技術動向など、部門の業務を通じて得られる情報から、今なにが変化しているのか、今後想定される変化はなにかを洗い出す形でもよいでしょう。大事なのは「起こりうる変化を想定する」ことです。

図4・3　自部門に関する外部環境の変化と変化から見た課題を考える

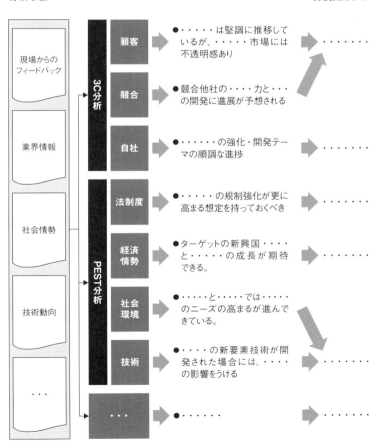

① 検討準備

外部の情報や現場からのフィードバックなどから、自部門の外部環境に関連する情報を収集し、自部門の外部環境を整理する枠組みを設定する（3C分析、PEST分析など）

必要な対応の想定

② 想定される変化の整理

手順①にて設定した枠組みに沿って、自部門を取り巻く外部環境について、今後想定される変化を整理する

③ 環境変化からみた課題

想定される変化から考えて、今後自社・自部門で対応が必要となる事項や、対応を怠るとリスクになる事項を抽出する

そして、想定される変化から考えて、今後自社・自部門で対応が必要となる事項や、対応を怠るとリスクになる事項を抽出します。これは、環境変化から考えての自部門が今後取り組むべき課題の候補ということができます。

ビジョンから課題を抽出する

図4・4は、自部門のビジョンとビジョンから見た課題を考える

図4・4　自部門のビジョンとビジョンから見た課題を考える

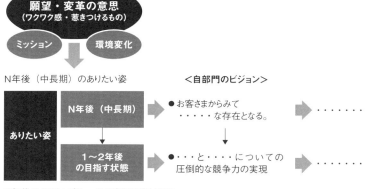

ための検討シートです。ビジョンとは、ここでは広く「ありたい姿・目指す姿」くらいに捉えてください。

　検討準備では、部門や業務機能を与かる部門責任者・リーダー層としての意思・意向として、N年後（中長期）のありたい姿・目指す姿の方向性を考えてみます。会社方針や経営トップの意向などもあるので、部門として考えるのが難しいと思われるかもしれません。ミッションや外部環境の変化は、いわば「…ねばならない」の視点であるのに対して、ビジョンは「こうありたい」の視点です。「…ねばならない」の視点の方が洗い出しやすく、「こうありたい」の視点は正解らしきものがないので、設定が難しいといえます。

　しかし「○○のように部門や機能のあり方を変えていきたい」「○○のようになれたらいい」ということを部門の構成員に示していくこともリーダーとして大切な役割です。部門やチームを盛り上げていくためには、ときにはワクワク感を感じさせるもの、メンバーを惹きつけるものが必要です。ビジョンからの検討は必須ではないのですが、できれば行っていただきたい観点です。ビジョンや目指す姿を示すのはリーダー層の特権ともいえます。

　ありたい姿の方向性が1つ、2つでもおけたら、それを踏まえて自部門のビジョンとして設定してみます。ここでも言葉としてキレイにまとめる必要はありません。部門として目指す姿を強い言葉で表現してみる程度でかまいません。ビジョンを設定する時間軸としては、できれば中長期であることが望ましいでしょう。合わせて1～2年後の目指す状態も想定できるとさらによいでしょう。

　そして大切なのは、そのビジョンと現状とを比較して、ビジョン・ありたい姿に向かう上で自部門が取り組むべき課題を抽出することです。自部門に不足しているものを整理することになります。

　ミッション・外部環境変化・ビジョンからの課題がひと通り検討できたら、一度それら3つの観点をまとめて整理してみるとよいで

しょう（図4・5）。3つの観点は相互にオーバーラップしている面もあるので、抽出した課題が重複している場合があります。抜け、漏れがないかという点を含めて、洗い出して課題を整理します。整理結果は、後述する部門の目標設定対象の検討につながっていきます。

図4・5 ミッション・外部環境変化・ビジョンからの課題検討結果の整理

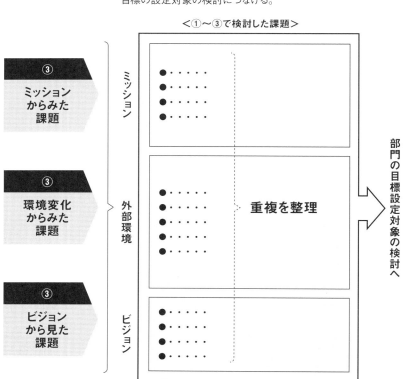

手順 1 2 3 4

目標を設定する対象の検討

　設定準備の作業に続いて、目標と設定する対象の検討を進めます。経営計画、戦略マップ、ミッション・外部環境・ビジョンについての整理などから、自部門が目標を設定すべき対象の候補を整理したうえで、設定する対象を選定します。なにに対して部門のKPI（KGI・プロセスKPI）を設定するのかという検討です。

　インプットとしては大きく2つあります。1つは経営計画や戦略課題から抽出した候補です。主にトップダウンの視点からの抽出になります。もう1つは、ミッション・外部環境変化・ビジョンの整理結果から抽出した候補です。主に部門・現場レベルの視点からの抽出になります。

経営計画・戦略課題から抽出する

　部門・現場レベルの視点についてはすでに述べたので、ここでは経営計画や戦略課題からの候補の抽出について解説します。手順としては、この作業も設定準備の作業に含める形でとらえていただいてかまいません。

　図4・6をご覧ください。最初に、自部門が主管となる経営方針・戦略課題の確認を行います。通常、部門のKPIを検討するのは年度末近くのタイミングであることが多いので、その時点では、次年度の経営計画などがある程度検討されています。また、ステップ1〜3で述べたステップを進めることで、戦略課題や戦略目標もいったん設定された形となっています。そこで、それらの経営計画、戦略課題一覧（戦略マップ）などを確認して、自部門が主管部署となっている経営方針・戦略課題などの重点実施事項を確認・抽出します。

　経営計画などにおいて、経営方針や主要施策ごとの主管部門など

が明確に記載されているケースも多いでしょう。その場合、主管部門になっている事項は部門にとっての重点実施事項として抽出していきます。

また、本書のステップ2・ステップ3で記述した戦略課題（戦略マップ）の整理や戦略目標の設定を進めた場合は、戦略課題ごとの主管部門が設定されています。その場合も、その設定内容から自部門の重点実施事項を確認することができます。

図4・6　目標の設定対象の検討 ―経営計画・戦略課題などからの抽出

① **自部門が主管となる経営方針・戦略課題の確認**

経営計画、戦略課題一覧（戦略マップ）などを確認し、自部門が主管部署となっている経営方針・戦略課題などの重点実施事項を確認・抽出する

② **部門間連携事項での重点実施事項の確認**

他部門が主管部署の重点実施事項の中で、自部門が関連部門として担う役割がある場合、目標設定対象候補として確認・抽出する

（自部門が主管部署となっている重点実施事項の中で他部門への推進依頼事項がある場合は、関連部門と調整・確認する）

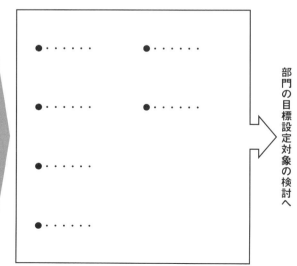

部門間連携の視点から抽出する

　次に、部門間連携事項での重点実施事項の確認を行います。他部門が主管部署となっている重点実施事項の中で、自部門が関連部門として担う役割がある場合に、自部門の目標設定対象の候補として確認・抽出しておきます。

　関連部門として挙がっている項目数が多い場合には、とくに重要な枠割を担う項目だけを抽出する形でもかまいません。抜け・漏れをなくすという観点からは、いったん関連部門になっている事項はすべて挙げておき、後述する目標設定対象の選定の際に、絞り込む形を取るのが実務的です。

　参考として、図4・7に部門間連携事項での役割分担の定義例を記載しています。目標設定対象の候補の面からは、図の「共同」や「分割」のようなケースにおいて、関連部門側においても最終的な目標設定対象（優先順位の高い項目）になる場合が多くなります。

　自部門が主管となっている重点実施事項と、他部門主管での部門間連携事項とを合わせて自部門の目標設定対象の検討につなげていきます。

図4・7　部門間連携事項での役割分担の定義例

【参考】関連部署の役割分担例

1. **共同**　同じ目標に向けて他部門と共同して活動を行う場合
   → 目標設定対象として目標値に対して同様に責任を持ち一緒に活動
   （例）・・・・テーマへの参入（営業、研究開発が共同）

2. **分割**　同じ目標に向けて、目標値を他部門と分割して活動を行う場合
   → 目標設定対象として、目標値を他部門と分割した部分に責任を持ち、目標達成に向けた活動も個別に設定して実施
   （例）・・・・及び・・・・製品の拡販（各部で分割）

3. **協力**　主管部署の活動に協力する場合
   → 目標達成責任は他部門となるものの、協力して活動
   （例）新卒採用数向上（各部門で大学・採用チャネル向けにプロモーション）

抽出した目標設定対象を整理する

　図4・8は、最終的な目標設定対象の選定の検討作業のイメージです。経営方針・戦略課題から抽出した候補と、ミッション・環境変化・ビジョンから抽出した候補をいったん並べてみます。そのうえで、同様の事項・テーマが含まれていないかなど、重複がないことを確認します。

　さらに、目標・KPIを設定する粒度は、粗すぎず・細かすぎずで括ります。どの程度が適切かについて明確な基準はありませんが、中期や年度の単位で取組みとして考えたときに、目的・狙いとして括れるものは1つにまとめるという形がよいでしょう。逆に、他の事項・テーマと比べると漠としてしまっていたり、より長い期間での取組みとなっていたりする場合には、粒度をもう一段ブレイクダウンする必要があるものもあるでしょう。

　整理した候補をもとに、自部門が優先して実施すべき目標の設定対象を選定します。特別に決まった進め方はありませんが、一般には重要実施事項を大きく2つに分けて考えてみるとよいでしょう。

　まず1つめは、上位方針と関連する重要実施事項です。目標設定対象の候補を整理する場合、「経営計画・戦略課題から抽出した候補」と多くのものは被ります。上位方針と関連する事項は、通常はトップダウンの視点並びに経営方針として、取り組むべきとされている事項なので、基本的にはすべて部門の目標の設定対象とするべきと考えます。

　もう1つは、部門で認識した重要実施事項です。ミッション・外部環境変化・ビジョンの整理などから認識された事項が多くなります。これらについては、一定の重要性はあるものの、実際に取り組むかどうかについては優先順位の検討が必要です。候補として挙げたものをすべて取り組むことは難しいケースが多いからです。

　優先順位の検討方法もさまざまですが、一般には、経営への影響度や実行の難易度の面から検討するのが一般的です。経営への影響

図4・8　目標の設定対象の選定

① 候補の整理

経営計画・戦略課題から抽出した候補、ミッション・外部環境変化・ビジョンから抽出した候補に重複がないかを確認するとともに、目標・KPIを設定できる粒度にくくる

② 目標の設定対象の選定

重要実施事項の区分に応じて、自部門が優先実施するべき目標の設定対象を選定する

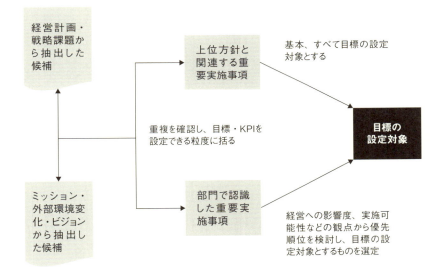

度は、それに取り組むと経営上どのような効果を産み出すか、また取り組まないとどのような事態を引き起こすリスクがあるかなどの観点です。実行の難易度については、それに取り組んで成果を実現する難しさや、それに取り組むことに必要な経営資源（人・カネなど）の大きさなどの観点です。

　検討するうえで、影響度を売上や利益への影響額などを想定して定量的に捉えるケースもありますが、実務的には、部門の管理者などが議論しながら、相対的に影響度や難易度の順位をつけてみるという形でも大きな問題はありません。1人の意見・感覚によってではなく、議論しながらの評価は相応に適切なものになるケースが多いと考えます。

目標設定対象を選定する

　以上の検討を経て、部門として目標・KPIを設定する対象を選定します。最終的にいくつ程度の目標設定対象の項目数が妥当かについては、部門の規模、ミッションや業務内容にもよるので正解はありません。ただし、経験則から言うと「1つの部門あたり、5〜10項目程度とする」を1つのメドにしてください。

　目標の設定対象は多くなり過ぎないようにしましょう。それは、管理するKGI・プロセスKPIが多くなりすぎて実効性が上がらなくなるリスクを避けるためです。本来の目的は、部門管理者が目標を設定してしっかりと実行管理していくことです。

　むしろ少なめ（たとえば3項目程度の場合）の方が弊害は少ないでしょう。目標設定対象を絞り込む過程で、なににしっかりと取り組むかということが部門管理者と実務メンバーとの間でコミュニケーションがなされ、狙いや重要性の認識が明確になるからです。

　図4・9は、部門として目標の設定対象の整理を行うためのワークシートの参考例です。シートに対して候補のリストアップをするとともに、重要性の検討などを別途行って、最終的な目標設定を絞

図4・9 目標設定対象の選定 —目標の設定対象整理シートの例

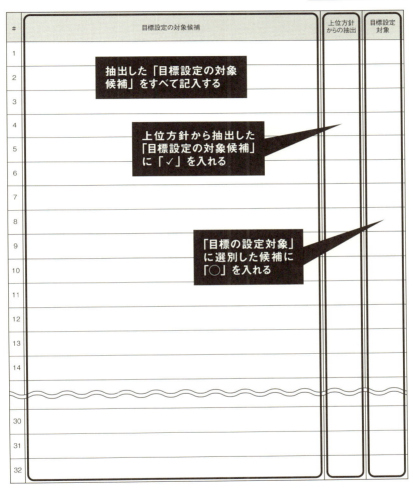

り込んでいく形をとりました。

　図4・10は、目標設定対象候補の抽出の観点のもうひとつの参考事例です。この事例では、大きく3つの観点から目標設定対象の候補の抽出を進めています。

図4・10　目標設定対象候補の抽出の観点例（参考事例）

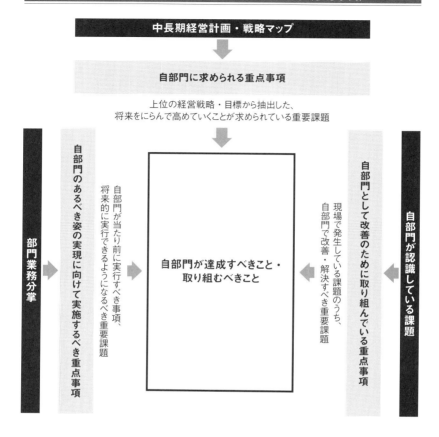

　1つめは、中長期の経営計画や戦略マップをもとに、自部門に求められる重点事項を抽出していくという観点です。これは、先に述べた手法における図4・6と同じです。上位の経営戦略・目標から将来をにらんで高めていくことが求められている重要課題を抽出するものです。トップダウンの視点からの検討になります。

　2つめは、自部門のあるべき姿の実現に向けて実施するべき重点事項はなにかという観点です。部門の業務分掌や主たる役割などを念頭において、当たり前に実行すべき事項や、将来的に実行できるようになるべき重要課題を抽出していきます。

先に述べた手法でいうと「ミッションからみた課題を考える」に近いですが、そこにさらにビジョン（ありたい姿）や外部環境変化からの課題を検討するという感じでしょうか。オペレーションが中心である業務部門においては、このような「当たり前機能」に着目して、当たり前機能の遂行に相当する目標設定対象を考えていくとよいでしょう。

　3つめは、認識している課題から自部門として改善のために取り組んでいる、ないしは取り組むべき重点事項を抽出していく観点です。現場を中心に、部門の業務やマネジメントにおいて発生している課題を検討し、自部門で改善・解決すべき重要課題を考えていくものです。「まずい問題への対処」と考えてもよいでしょう。先の述べた手法でいうと「ミッションとミッションから見た課題を考える」に近いのですが、そこに部門としての将来像を視野に入れて改革・改善を考えていくという観点からはビジョン（ありたい姿）の側面も含めた観点ともいえます。

　2つめと3つめの観点は、主にボトムアップからの検討と捉えてよいでしょう。先に述べた手法の「ミッション」「ビジョン」「外部環境変化」の要素がそれぞれに含まれています。

　3つの観点から抽出された重点事項は、自部門が達成すべきこと・取り組むべきことの候補の一覧です。この段階は、相互に重複があったり優先順位の検討がなされていない状態なので、そこから経営への影響度や実行の難易度などによって部門の目標設定対象を絞り込んでいく点は先に述べたとおりです。

　いずれの手法も部門が取り組むべき重点事項や重点課題を網羅的に抽出していく形で設計されています。「トップダウンとボトムアップ」「戦略面と業務・マネジメント面」「当たり前事項・まずい問題への対処とありたい姿の実現」が含まれています。それぞれを参考にしながら、検討しやすい手法を選択してください。

手順 1 2 **3** 4

KGIの設定

達成された状態を記述する

　目標を設定する対象の整理を行った次は、KGIの設定に進みます。手順2で設定した目標を設定する対象の1つひとつに対して「目標が達成された状態」を測る指標とその目標達成水準を検討していきます。

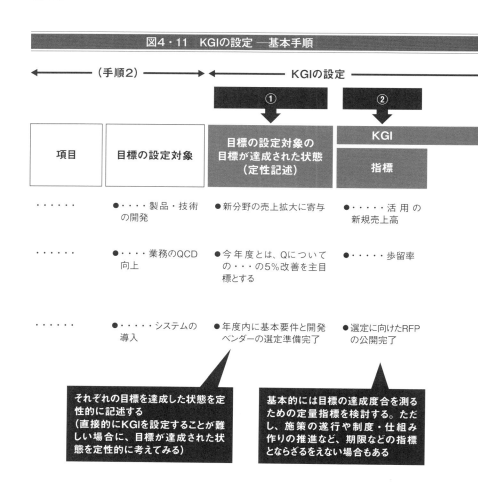

図4・11　KGIの設定──基本手順

図4・11を見てください。KGIの設定における設定ワークシートのイメージ例と基本手順を示しています。ワークシートは、各社の管理目的によって、記載項目の増減があります。図の例は基本的な要素に基づくものと理解してください。

　目標設定対象は手順2で整理されているので、その結果をワークシートに転記します。その1つひとつに対して、定性的でかまわないので、目標が達成された状態を記述します（図中の①）。これは、KGIとして定量的な指標を設定しやすくするための検討作業です。

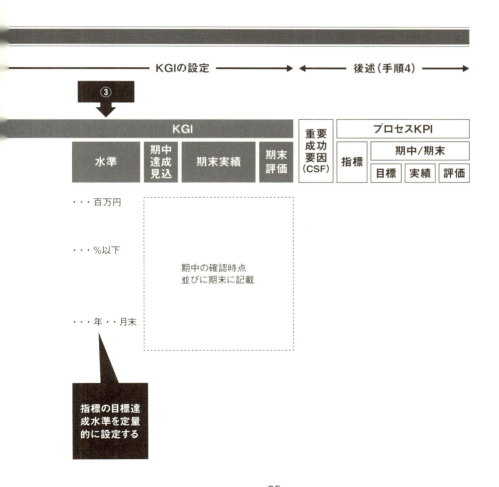

したがって、①の検討を行わなくても、直接的に定量的な指標が設定できる場合は、①の記述はとくに必要がなく、空欄のままにしておいても問題ありません。

逆に、定量的な指標がすぐには思い浮かばないようなケースも多くあるでしょう。その場合は「目標が達成されたときにはどのような状態になっているのだろうか」「この件がうまくいっているとはどのようなことが変化したり、高まったりしているだろうか」ということをまずは定性的に考えて記述します。それによりKGIの指標の検討が行いやすくなります。図中の「経営戦略と連動した人員計画策定と採用活動」（目標設定対象）→「女性の新規採用率が向上した状態」などがその例にあたります。

KGIの指標を検討する

次に、KGIの指標そのものの検討を行います（図中の②）。基本的には目標の達成度合いを測るための定量指標を検討します。ただし、施策の遂行や制度・仕組みづくりの推進など、いわゆる定量指標を設定しにくいケースもあります。その場合は、過度に定量指標にこだわらず、完了期限や実行タイミングなどの「期限の目標」などを定量指標の1つの形であると捉えて進めるのが実務的です。

図4・12をご覧ください。KGIの指標の検討を行う際の代表的な観点を整理しています。KGIの指標を設定しにくい場合には、図に示している観点を参考に検討するとよいでしょう。

1番めは「業務の成果・アウトプットを表す直接的な量的指標を考える」です。例にある「販売台数の向上」に対して「台数」が指標になるようなケースです。業務の直接的な成果が明白な業務の場合は、量的指標も検討しやすくなります。

KGIの指標が設定しにくいと感じるときは、次の2番め以降の観点が参考になります。

図4・12 KGI（指標）を検討する際の代表的な観点

	観点	検討例
1	業務の成果・アウトプットを表す直接的な量的指標を考える	● 販売台数の向上　→「台数」 ● 採用強化　　　　→「目標採用人員数」 ● 特許関連施策の　→「特許件数」、 　強化　　　　　　　「特許ロイヤリティ収入」
2	業務のQ(品質)・C(コスト)・D(時間)を考える、業務の生産性・効率性を考える	● 採用効率の向上　→「1人当たり採用コスト」（効率性） ● 投資対効果のあ　→「重点スキル保有人員増加数 　る研修の実施　　　÷教育研修投資（時間・コスト）」
3	うまくいっている/いっていないを考える	● 対象業務が「うまくいっている状態/うまくいっていない状態」を検討・記述してみる ● 中途採用の強化　→「採用したいと思う人材の 　　　　　　　　　　辞退がない→辞退率・数」 　　　　　　　　　「配属した部門が満足している 　　　　　　　　　　→満足度、短期離職率」等
4	成果物とその期限で目標設定を考える	● 制度やシステムの構築・見直し ● 課題解決のための構想立案・基本方針検討 ● 基準作り、標準化・マニュアル化など 　　　　　　　→それぞれの実施期限とその時 　　　　　　　　点の成果物を設定
5	成果を代用的に表す指標を考える	● 自社ブランドの　→「ブランド認知度調査」（で代 　浸透・向上　　　　用評価） ● IRをうまく行えて→「IR評価ランキング」（で代用 　いる　　　　　　　評価） ● 人員活性化、経　→「従業員満足度調査」、「理解 　営方針の浸透　　　度調査」（で代用評価）
6	結果として、発生してはいけないことを考える	● 企業倫理強化　　→「重大違反事案件数」 ● 内部統制手続強　→「…の手続違反件数」 　化

2番めは「業務のQ（品質）・C（コスト）・D（時間）を考える、業務の生産性や効率性を考える」です。対象業務の成果はなにかが直接的に思い浮かばないようなケースにおいて有効です。その業務の良し悪しをQ・C・Dの観点で見たときに、とくになにが高まるべきなのかということを検討してみます。ないしは、その業務の生産性や効率性はなにかを考えてみることも有効です。投入に対しての成果を考え、それを定量的な式として考えてみることで指標が設定できます。

　例にあるような「投資対効果のある研修の実施」という業務・テーマに対して、対象・課題となっている重点スキルを持つ人員を増やすという成果サイドと、それにかける時間やコストという投入サイドのバランスを指標として設定するようなケースです。

　3番めは「うまくいっている／いっていないを考える」です。これも対象業務の成果はなにかが直接的に思い浮かばないようなケース、さらには、対象業務の成果をQ・C・Dなどの要素には展開しにくいようなケースに有効です。KGIの検討の実務においてもっとも多く使われる観点かもしれません。間接部門の業務など、直接的な成果が考えにくい業務では、この観点を用いることで良いKGIを設定できる場合が多いものです。

　対象の業務やテーマがうまくいっている状態、逆にうまくいっていない状態とはなにかを考えてみることで、なにに対してKGIを置くべきかが明確になってきます。例にある「中途採用の強化」という業務・テーマに対しては、中途採用がうまくいっている状態／うまくいっていない状態を考えてみます。「予定数が確保できている」「採用したいと思う人材の辞退がない」「配属した部門が満足している」などがうまくいっている状態として整理できてくると、その状態に対応するKGIの指標が具体化できます。

　4番めは「成果物とその期限で目標設定を考える」です。例にあるような、制度やシステムの構築・見直し、構想立案や基本方針の検討、基準づくりや標準化・マニュアル化の推進などの業務の場合

の観点です。施策の企画・推進やプロジェクト型の業務といってもよいでしょう。

　これらの業務の場合は、定量的な成果目標的な指標を見出しにくいケースが多くなります。施策が生み出す効果やプロジェクトへの取組みによる成果目標などが定量指標で設定できる場合は、それらの指標をKGIとするべきですが、必ずしもそのような指標が見い出せないケースもあります。

　その場合は、過度に定量指標の設定にこだわらず「成果物」と「期限の目標」を定量指標の1つの形として設定します。ただし、成果物と期限の目標の場合、それが本当に当初の目的・狙いに沿った形で進められているかどうかが曖昧になる可能性もあります。期限までに成果物が完成していれば一応及第となりますが、本当にそれでよしとしてよいかという点です。

　図4・13では、成果物と期限でKGIを設定する場合に、期限の観点に加えて、成果物や取組みの質を評価することに取り組んだ事例です。この事例では、成果物と期限がKGIとなる業務・テーマに対しては、「質」を評価する観点を検討し、それをKGIの補足として設定する形をとりました。

　各業務・テーマの質を評価する観点を検討する際には、図4・13の上部に記載の観点例を参考にしながら、以下の点を検討します。
・どうなっていればこの取組みは質が高かったといえるのか
・質が高い取組みといわれるためには、どのような点をクリアしておかなければならないのか
・事前の企画段階において、どのようなことを経営と合意し、コミットするのか
・どのようなことをこの取組みの効果として考えるのか。また、なにを実現することを狙いとするのか
・企画段階、中間段階、終了段階で取組みのレビューを行う際の観点はなにか
など

図4・13 成果物の質を評価する観点例（参考）

成果物と期限でKGIを設定した場合の、成果物の質を評価する観点例

質評価の観点カテゴリーの例		
A. 方針適合性	上位方針に適合するように設計・実行されたか？ の観点	
B. 顧客・受益者満足	受け手側・受益者側は満足しているか？ の観点	
C. 全体最適	全体最適が確保されているか？ の観点	
D. 実現性の確保	現場の実態を踏まえて実現可能な内容であったか？ の観点	
E. 他社優位性・差別化	差別化、ベンチマークを意識して進められたか？ の観点	
F. 方針・基準整備	方針・基準が明確になることに寄与したか？ の観点	
G. 運用	導入後の運用にしっかり配慮されているか？ の観点	
H. 合意形成	対象・関連部門との合意形成は十分か？ の観点	
I. 横展開・グループ展開	他部門・グループへの横展開に配慮されているか？ の観点	
J. 継続性・効果持続	効果が持続するように設計されているか？ の観点	

以下の観点を参考に検討し、できるだけ具体的に「質の評価基準」を定義する
- どうなっていればこの取組みは質が高かったといえるのか？
- 質が高いといわれるためには、どのような点をクリアしておかなければいけないのか？
- 事前の企画段階において、どのようなことを経営と合意し、コミットするのか？
- どのようなことをこの取組みの効果として考えるのか？ なにを実現することを狙いとするのか？
- 企画段階、中間段階、終了段階で取組みのレビューを行う際の観点はなにか？

記号	観点	説明
K.	モニタリング	成果・評価・改善点をモニター、フィードバックできるか？ の観点
L.	活用・利便性	想定した活用方法、利便性が実現できているか？ の観点
M.	定量成果実現	財務成果や定量成果の実現に寄与しているか？ の観点
N.	リスク軽減	経営・事業のリスク軽減に寄与しているか？ の観点
O.	効率性・負荷軽減	効率性向上、負荷増大排除に配慮しているか？ の観点
P.	利害関係者への配慮	直接顧客以外の利害関係者にも配慮しているか？ の観点
Q.	状況対応・変化対応	状況・環境の変化への対応に配慮しているか？ の観点
R.	対外公表	対外的な公表が可能なレベルまで高まっているか？ の観点
S.	･･･	･･････
T.	その他	･･････

<「グローバル生産システム基本設計の確定」での検討例>

質評価の基準カテゴリー		質を評価する基準の記載例
記号	観点	
C	全体最適	社内全システムの中での位置付けが明確であり、周辺システムとの連動性が実現できること
D	実現性の確保	実現内容に対する現場の理解が得られており、予定されているリソースで実現可能な計画となっていること
G	運用	導入後の運用にかかわるリソースが明確になっており、対応可能であることが確認されていること
H	合意形成	関係各部署の理解が十分に得られており、ユーザー部門および経営層の承認が得られていること
O	効率性・負荷軽減	現状と新システム導入後のFit&Gapが行われ、負荷軽減レベルまで明確になっていること
･･･	･･･	･･････

プロジェクト型の業務や、管理間接系部門の取組みテーマのKGI設定においては、有効な手法・観点であります。

　図４・12の観点に戻ります。５番めは「成果を代用的に表す指標を考える」です。これは、業務の成果を表す指標をどうしても直接的には見出せないようなケースにおける代替的な観点と捉えてください。したがって、５番めの観点からKGIの指標を設定することはできれば避けたいところではあります。
　例では「IRをうまく行えている」という業務・テーマに対して「IR評価ランキング」でその良否を代用評価するなどの例をあげています。代用指標でのKGI設定でも決してまずいわけではありません。そのようなKGIを設定することで、後述するCSF（重要成功要因）の検討では「IR評価ランキングを高めるためのポイントはなにか」ということが検討され、良いCSF・プロセスKPIの設定につながっていく面もあります。
　しかし、代用指標によるKGI設定は安易に走るのではなく、たとえば「IRがうまく行えているということは、○○が増える、○○が改善するとして考えるとどうか」のように、うまくいっている状態や狙う姿をまず検討するように心がけてください。
　最後は「結果として発生してはいけないことを考える」です。これは、管理の強化や手続き・ルールの遵守・徹底などのテーマのKGIの検討においてとても有効な観点です。管理・統制系の業務・テーマに適合する観点といえるでしょう。
　管理の強化や手続き・ルールの遵守・徹底などのテーマにおいては、その取組みによるなにかしらのプラスの業務成果を定義するのは難しいケースが多くなります。つまり、プラスの業務成果の視点からのKGI設定は難しくなります。その場合は逆の発想で「結果としては発生してはいけないこと、起こしてはいけないことはなにか」を考えてみるのがこの観点です。
　例にある「企業倫理の強化」に対しては、企業倫理の強化にしっ

かり取り組むことによるプラスの効果やそれを示す指標を設定することは難しいですが、起こしてはいけないこととして「重大な違反件数」をKGIの指標とします。そして、KGIの目標達成水準として、できるだけ高い水準（重大は違反事案を絶対に発生させないなど）を設定します。

起こしてはいけないことを高い目標達成水準で設定するのは、後述するCSFの検討にも良い効果をもたらします。「絶対に起こさないようにするには、ルール等の浸透・強化の打ち手をどの実行水準で行わないといけないか」ということがより高い視点から検討されるようになるからです。

このように、プラスの業務成果の視点だけではなく、発生してはいけないこと・起こしてはいけないことを検討するのもKGIの指標を設定するうえでの重要な観点の1つです。

目標達成の水準を定量的に設定する

KGI設定の最後に、指標の目標達成の水準の設定です。KGI・プロセスKPIはいずれも、指標と水準がセットとなります。したがって、指標の設定ができればKGIもうまく設定できたかというとそうではありません。適切な目標達成の水準が設定されてはじめて良いKGIができたことになります。

一方「適切な」目標達成の水準というのはどういうものでしょうか。これには残念ながら、正解や客観的な基準は存在しません。なにをもって適切、ないしは妥当な目標達成の水準であるかの判断は難しいテーマです。会社や部門の目標に対しての考え方や組織風土なども関係するでしょう。

一般的には「ストレッチ」と言うように、高い目標がよいとも言われます。低すぎるよりは間違いなくよい面が多いとはいえます。しかし、単に高ければよいわけではありません。達成水準が高すぎて達成見込みが最初から低い目標、経営資源（カネ・ヒトなど）や

施策の裏付けがない目標などはもちろん適切ではありません。あえていえば「できるだけ高く、かつ、達成可能な水準」がよいといえます。

　また、業績達成状況などを中心とした組織の状況によっても、どのような目標達成の水準が妥当かは変わってきます。たとえば、予算や目標の未達が数年続いてしまっているならば、ストレッチングな目標をムリに設定するよりも、目標や予算を達成することを重視するケースがあります。

　「目標を達成するという成功体験を持ってもらいたい」「組織にそういう癖をつけるために、今年は予算達成の確実性を重視して設定したい」という経営者もおられます。目標達成の水準を決めるのは経営者・経営幹部や部門リーダーの仕事でもあります。

　このように、目標達成の水準を検討・設定するための定まった方式・手法というものはありません。しかし一方で、その際に検討すべき観点をいくつか挙げることはできます。

　図4・14をご覧ください。目標達成の水準を検討する際のチェックポイントを挙げています。

　「この目標で競合に勝てるか」「株主他利害関係者の期待に応える水準か」「財務状況と経営戦略からみて十分な水準か」などの観点は、主にできるだけ高い目標として検討するためのストレッチの視点といえます。「できる目標」ではなく「勝てる目標」として設定されているかのチェックポイントです。一方「達成可能性があるか／力は備わっているか」「リスクはないか」「会社の理念・考え方とずれていないか」などの観点は、主に高すぎる目標になってしまってはいないかを確認するための視点といえます。「実行可能性の検証」や「牽制」のチェックポイントです。さらに「他の目標との優先順位から考えて妥当な水準か」「他の方針との不整合はないか」など観点は、経営や部門運営におけるバランスの観点からの視点といえます。これ以外にも、目標設定水準の妥当性を考えるためのチェックポイントはあるでしょう。むしろ、長年の組織運営と、組

織風土のつくり込みの結果として、各社や部門独自のチェックポイントがあってしかるべきです。

目標設定の水準そのものももちろん大切ですが、目標設定対象の1つひとつの項目に対して、部門幹部間でコミュニケーションを図りながら目標設定水準の検討を行うことの方がより大切です。必要に応じて、経営者・経営幹部との討議や意見交換を行うことも重要です。

図4・14　KGIの目標達成水準のチェックポイント

KGIの設定では、指標そのものの検討と合わせて、指標の達成水準をどのレベルに設定するかが重要です。下記の観点を参考にしながら、目標水準の妥当性（できるだけ高くかつ達成可能な水準）をチェックしてください。
また、経営層や関連部門とコミュニケーション・連携を図りながら目標設定を進めることも重要です。

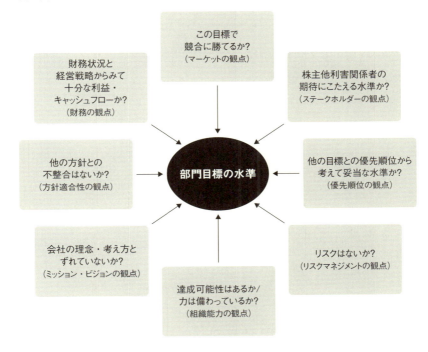

手順 1 2 3 **4**
プロセスKPIの設定

重要成功要因（CSF）を検討する

　KGIの設定を行った次は、プロセスKPIの設定に進みます（図4・15）。手順3で設定したKGIの1つひとつに対して、重要成功要因とプロセスKPIを検討していきます。通常、KGIとプロセスKPIは1対Nの関係で設定されると考えてください。

図4・15　プロセスKPIの設定 ―基本手順

CSF、プロセスKPIの設定では、KGIの1つひとつに対して、目標を達成するための重要な業務もしくはプロセス・重点施策などをCSFとして検討し、CSFの実行/達成や進捗状況を表すものとして、プロセスKPIを設定します。

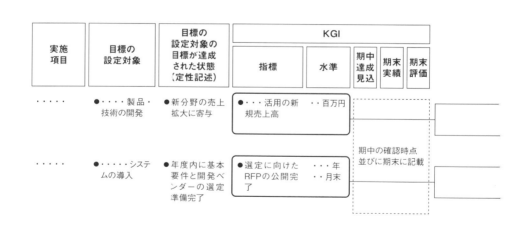

図4・15をご覧ください。プロセスの設定における設定ワークシートのイメージ例と基本手順を示しています。

　KGIに対して、KGIの達成に重要な影響を与える重要成功要因（CSF）を検討します（図中の①）。重要成功要因を検討する代表的な観点例は後述します。記述は定性的でかまいません。
　次に、①で想定した重要成功要因に対して、それがクリアされているかどうか、また重要成功要因への取組み状況などを測る指標を検討・設定します（図中の②）。そして、それらの指標に対する目

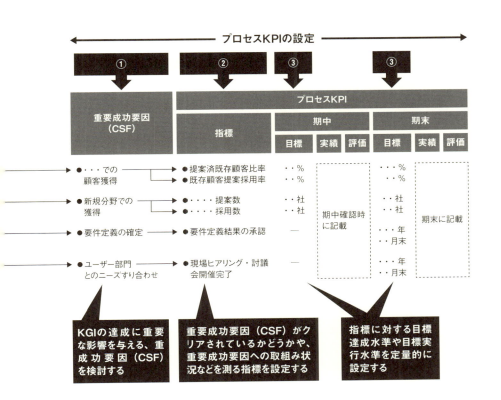

標達成水準や目標実行水準を定量的に設定していきます（図中の③）。KGIで述べたとおり、プロセスKPIについても、指標と水準がセットになってはじめてプロセスKPIとして完成になります。

手順は以上のとおりですが、プロセスKPIの検討では、重要成功要因をいかに検討・想定するかがポイントになります。KGIから重要成功要因がすぐに想定・特定できる場合は、もちろん問題ありません。一方、どのようにして重要成功要因を特定・具体化していっ

図4・16　重要成功要因（CSF）を特定する代表的な方法

CSFを特定する際は、KGIに対してその達成に決定的な影響を与える要因を検討します。

#	方法	内容
①	論理的関係性から特定	KGIの要素を、演繹的関係、帰納的関係の2つの関係から構造展開し、重要成功要因（CSF）を特定する
②	ボトルネックとなる要因から特定	KGIの達成に向けた活動を工程ごとに分解し、実際に起きている問題点や阻害要因からボトルネックとなる要因を検討することで、重要成功要因（CSF）を特定する
③	成功例・失敗例から特定	KGIに対して、これまでの成功例や失敗例からその背景・原因を分析・検討することで、重要成功要因（CSF）を特定する
④	プロセス面・資源面から特定	プロセス・業務面や資源・インフラ面など、KGI達成に向けた活動の推進に必要な要素における課題を検討することで、改革・改善すべき重要成功要因（CSF）を特定する
⑤	成果物の期限から特定	施策・仕組み作りの実行完了や進捗をKGIとして設定する場合に、途中段階の重要なマイルストーンの成果物と期限を重要成功要因（CSF）をとして特定する

たらよいかが見出しにくいケースもあります。

　図4・16以降では、重要成功要因を特定するための代表的な方法とその検討例を紹介しています。目標設定対象がなにかによって、どの方法を用いるかはケースバイケースであり、決まった方式はありません。ここに挙げている方法・観点などを念頭に置きながら、検討を進めるのが現実的な進め方になります。大切なのは、KGIを達成すること、すなわち、成果を達成するためのキーポイントや肝になるのはなにかをしっかりと考えることだと捉えましょう。

（1）論理的関係性から特定する

　1つめは「論理的関係性から特定する」方法です。KGIの要素を演繹的関係・帰納的関係などから構造展開し、重要成功要因を特定していきます。

　図4・17をご覧ください。部門目標として収益ないし売上高向上のような目標が設定されているケースを想定してください。

　この例では、収益の向上を、
「単位当たり利益」×「契約数」
という式に展開し、さらにそれぞれの要素を、
「販売単価」×「単位当たり原価」と「提案数」×「受注率」
に展開しています。論理的因果関係で展開したものといえます。

　展開した各要素（提案数や販売単価など）を高めることをCSFないしはプロセスKPIとすることも考えられますが、これらの要素への展開は「目標を計算式でブレイクダウン・展開したもの」と捉える方がよいでしょう。展開した各要素のうち、どの要素を高められるか、余地が大きいかを検討し、さらにその要素を高めるための重要成功要因をさらに検討していきます。

　ケースの例では、ターゲット要素の1つとして「提案数」の向上と「受注率」の向上を対象としています。「提案数」には、新規の見込み顧客への提案機会を増やすことと、既存顧客からの提案機会

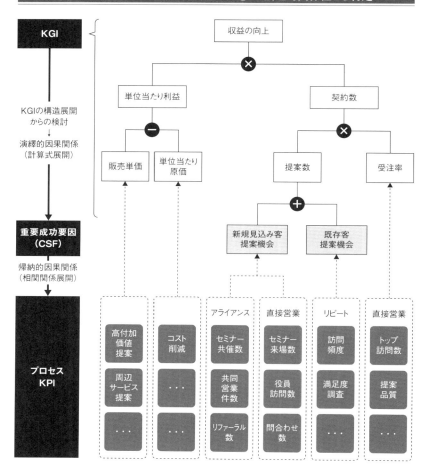

を捕捉・対応することが成功要因として検討されました。そして、そのそれぞれの要素を高めるためにはなにが増えるべきか、どのような活動を増やすべきかを検討しています。ここでは、主に帰納的因果関係ないしは相関関係の側面から検討しています。

　新規見込み顧客への提案機会を増やすには、セミナー共催の活動強化が必要という想定であったり、共同での営業件数が増えないと新規の提案機会増には結び付かないなどです。

過去の取組みから、プロセスKPI・重要成功要因（例：共同営業件数など）と、KGI（例：新規見込み提案機会・提案数・契約数の増）との関係性・相関性の有無が実証されている場合は、プロセスKPIをしっかり高めることをどんどん押し進めていきます。

　しかし、実証や検証ができておらず、その時点では仮説である場合もあります。たとえば、セミナーの共催が見込み客の発掘やその先の契約につながる提案数の増に「つながるのではないか」という仮説です。その場合には、プロセスKPIの強化を業務上の取組み目標としつつも、その取組み結果と狙った成果との関係性を別途検証する必要があります。プロセスKPIが仮説として正しかったかどうかです。明確な相関性がなかった場合は、仮説の再検討を行う必要があります。

　このように、論理的因果関係と帰納的因果関係を組み合わせて検討しながら、重要成功要因を特定していくのが1つめの方法です。これは、収益の向上や費用の低減など、目標値を計算式などで一定レベルまで構造展開できる目標項目の場合に有効です。

（2）ボトルネックとなる要因から特定する

　2つめの方法は「ボトルネックとなる要因から特定する」方法です。対象となるKGIの達成に向けた活動を工程やタスクに分解し、実際に起きている問題点や阻害要因などからボトルネックになっている要因を検討し、重要成功要因を特定していきます。

　図4・18をご覧ください。業務プロセスの効率改善が部門の目標となっているケースです。KGIとして、単位時間当たりの生産数量を高めていくことが設定されています。

　ケースでは、生産のプロセス全体を工程に分けて、その単位時間当たりの生産数量を分析しています。工程4の生産数量が制約条件となって、プロセス全体の生産数量増の阻害要因となっています。そこで、工程4の状況をさらに調べた結果、チョコ停による機械停

図4・18 CSF特定の代表的な方法② ―ボトルネックから特定

対象となっているKGIの達成に対してボトルネックとなっている要因を考えることで、クリアすべき課題や管理すべき事項が明らかになり、プロセスKPIの設定につながります。

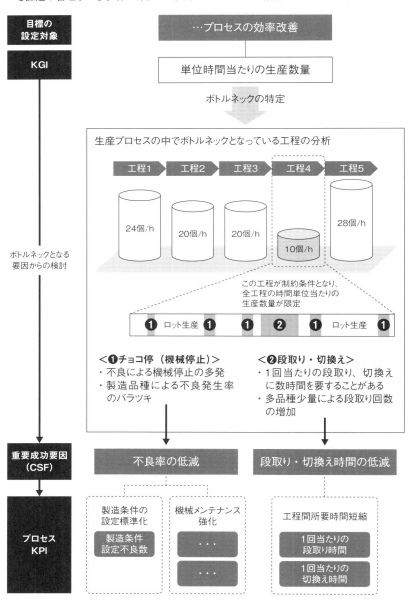

止が頻発していること、段取り・切換えの作業時間が多くなっていることが判明し、その改善が進めば工程4の生産能力を高める余地があることがわかりました。また、チョコ停の要因としては、不良の発生により機械停止が多発していること、また、不良率は製造する品種間で一定のバラツキがあることがわかりました。そこで、重要成功要因の1つとして「不良率の低減」を設定しました。品種ごとの不良率のばらつきは、製造条件の設定の不具合によることが多かったため、製造条件の設定標準化を管理していくために「正常条件の設定不備による不良数」をプロセスKPIとしました。機械メンテナンスの強化が不良率の低減に寄与する可能性も想定されましたが、効果が見込まれる事項として優先的に解決を進める対象を絞り込みました。

　もう1つのネック要因である段取り・切換えの作業時間については、回数の低減と、1回当たりの作業時間の短縮が解決の方向性として考えられました。しかし、多品種少量は顧客ニーズとして自社でコントロールするのは難しいとの判断から、1回当たりの所要時間を短縮することをプロセスKPIとして業務改善に取り組んでいくこととしました。

　この例では、重要成功要因は変化していくということにも触れておきます。工程4の業務改善が進み、単位時間当たりの生産数量が他の工程に追いつき、追い越したとします。すると、当然ながらボトルネックの工程は変わるので、生産数量を高めていくための重要成功要因・プロセスKPIも変わっていきます。さらに各工程の単位時間当たりの生産数量を高めるためには、工程ごとの改善ではなく、生産設備そのものを見直すことで能力増強を図るという方針になることもあります。その場合には、重要成功要因ないしは重要施策が能力増強投資となり、設備増強の費用対効果の面から設備投資における成功要因などを検討していくことになります。

　このように、ボトルネックとなっている要因を考えることで、クリアすべき課題や管理すべき事項を明らかにし、重要成功要因の特

定を行っていくのが2つめの方法です。この方法は、生産性・効率性の向上や業務改善に推進などの目標に対して有効な方法です。

(3) 成功例・失敗例から特定する

　3つめの方法は「これまでの成功例・失敗例から特定する」方法です。目標の対象となっている業務について、これまでの成功例や失敗例からその背景・原因を分析・検討することで重要成功要因を特定していきます。

　図4・19をご覧ください。開発納期の遵守が部門の目標となっているケースです。KGIとして、開発案件における納期遵守率が設定されています。

　このケースでは、個々の開発テーマごとによって、納期が守られる場合とそうでない場合がいずれも相応の件数で発生していたため、それぞれの背景・原因を探ることで重要成功要因の検討を進めました。発生比率がどちらかに偏っている場合は、成功例・失敗例のいずれかに絞って分析することで重要成功要因が特定できるケースもあるでしょう。

　遵守できていた開発案件では、開発のある作業フェーズ以降では設計変更が極めて少なく、初期DR（デザイン・レビュー）の段階ではむしろ指摘点が多かったということがわかりました。逆に、遵守できていない開発案件では、初期DRでの指摘点は少ないにもかかわらず、後続フェーズでは設計変更が頻発しているということがわかりました。開発の早い段階で指摘点・改善点が明確に洗い出されている方がよく、逆に、納期が守れない開発案件では、問題点の指摘が不十分で結果的に問題の先送りになってしまっていることが想定されました。

　以上から、重要成功要因の1つとして、初期DRを充実させるという点が設定され、DRの実施体制の見直しを行うとともに、初期DRでの指摘数をプロセスKPIの1つとしてチェックすることにし

図4・19 CSF特定の代表的な方法③ ―成功例・失敗例から特定

KGIの達成についてこれまでの成功例・失敗例とその背景・原因を分析・検討することで重要成功要因を明確にし、プロセスKPIの設定につなげます。

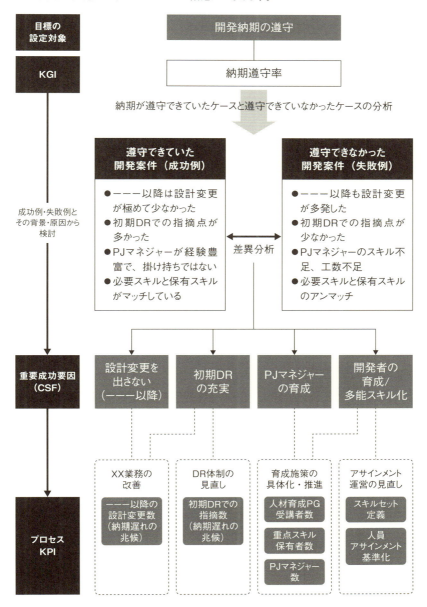

ました。初期DRの指摘数が少ないのはよくない兆候であるとして、そのような案件については、DRの内容が適切であったかどうかを検証するような体制をとりました。

　また、開発案件のプロジェクトマネジャー（PJマネジャー）の経験レベルやスキルレベルも納期遵守に影響している要因の1つとして特定されました。そこから、PJマネジャーの育成に対する取組みや、その結果としての重点スキルを保有するメンバーやPJマネジャー数をプロセスKPIとして設定しました。また、開発者やPJマネジャーや経験レベルを早期に高めていくために、アサインメント（開発案件への人員配置）の偏りや、過度の長期のアサインメントを避けた方がよいとの成功要因が特定され、開発メンバーのアサインメントの基準づくりにも取り組んでいきました。

　このように、うまくいっている場合とそうでない場合を比較・分析することで重要成功要因を特定していくのが3つめの方法です。これは、開発案件や提案型の営業案件のように、1つの業務単位ごとの時間スパンが比較的長い業務や、1つひとつの案件ごとに成否が分かれるような業務に対して有効な方法です。

（4）プロセス面・資源面から特定する

　4つめの方法は「プロセス面・資源面から特定する」です。プロセス・業務面や資源・インフラ面など、KGI達成の向けた活動の推進に必要な要素における課題を検討することで、改革・改善すべき重要成功要因を特定していきます。

　図4・20をご覧ください。部門の定常的な業務機能のKGIに対しての重要成功要因を検討している例です。製造部門を想定すると、部門が担っている業務について、Q・C・Dの観点から達成すべき事項をKGIとして設定しています。それらのKGIに対して、プロセス・業務の側面や、資源・インフラの側面からの課題事項や改善テーマを整理・検討しています。ケースでは、プロセス・業務面の課題として、工程内不良の撲滅や原材料ロスの改善が、KGIをさら

図4・20 CSF特定の代表的な方法④ —プロセス面・資源面から特定

部門の各KGIのプロセス・業務面や資源・インフラ面の課題を構造的に整理し、相関関係を検討することで、目標達成のために改革・改善すべき重要成功要因が特定され、部門として取り組むべき施策が明確になります。
課題認識や施策の抜け、漏れのチェックにもつながります。

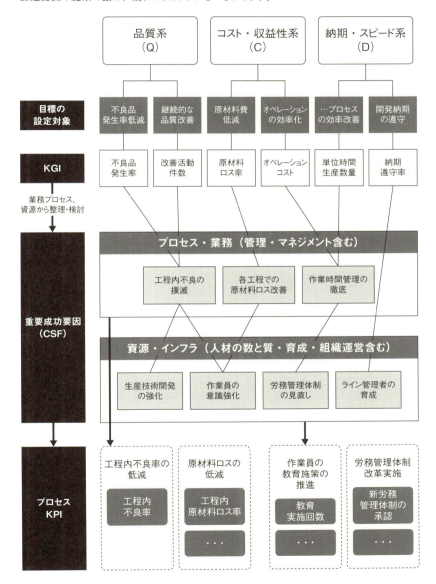

に高めていくための重要成功要因として整理され、それらに対応するプロセスKPIが設定されています。

　また、インフラ面の事項としては、オペレーションのさらなる効率化を図るためには、労務管理体制の見直しや管理者の育成に取り組まなければならないということが特定されています。

　第２章で、事業レベルにおいて、事業の戦略マップを検討・整理すると述べました。ここで紹介している手法は、部門の戦略マップないしは業務課題マップを検討していると捉えるとよいでしょう。この方法は、部門の定常業務全般を強化していくための重要成功要因を検討する際に有効です。どちらかというと短期よりも中期的かつ構造的な課題を特定するのに適しています。

　また、この方法はKGIの項で説明した「結果として発生してはいけない事項」（図４・12）からKGIを設定している場合に、その重要成功要因を検討・特定する際にも有効です。発生してはいけないことやまずい事象を発生させないようにするには、業務・プロセス面の課題を整理するとともに、制度・ルールの浸透や教育の強化などのインフラ面の対応事項を想定することが大切になることが多いからです。

（5）成果物の期限から特定する

　５つめの方法は「成果物の期限から特定する」です。施策や仕組みの実行完了をKGIとして設定している場合に、途中段階の重要なマイルストーンの成果物と期限を重要成功要因としていきます。

　図４・21をご覧ください。グローバル生産の効率的運営の仕組み整備というテーマを部門の主要業務として取り組んでいるケースです。KGIとしては、グローバル生産システムの導入を一定期限までに完了させるという、先に説明した「成果と期限」によるKGIが設定されています。合わせて、その導入効果として、生産工程の効率向上を生み出すこともKGIとして設定されています。

　このような比較的長期の取組みの場合には、通常いくつかの重要

図4・21 CSF特定の代表的な方法⑤ ―成果物の期限・マイルストーンの想定

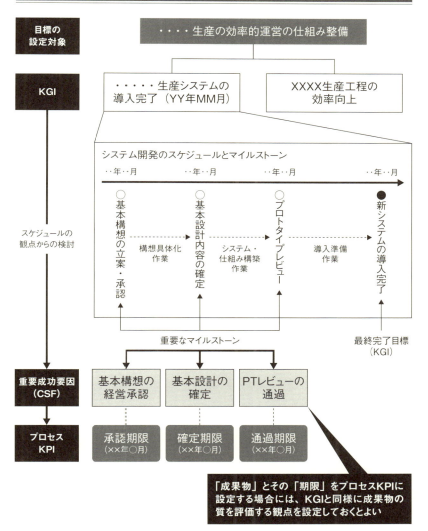

な中間マイルストーンがあります。ケースでは「基本構想の立案・承認」や「基本設計内容の確定」などがそれに相当します。年度単位で見た場合に、それぞれの中間マイルストーンごとに年度をまたがるというケースもあります。こうしたときには、いわゆる定量指

標ではなくても、中間マイルストーンの成果物と期限をしっかりと守ることを重要成功要因並びにプロセスKPIとして設定します。それにより、長期にわたる取組みにおいて、いつまでになにがどのように進まなければならないかを明確にしておくのです。

　KGIの解説で、成果物と期限によるKGI設定の場合には、期限の目標と合わせて、成果物の「質」を評価する観点を合わせて検討するとよいと述べました（図4・13）。同じ理由により、成果物と期限をプロセスKPIとして設定する場合にも、中間マイルストーンにおける成果物の「質」を評価する観点を合わせて設定していくとよいでしょう。

　取組みの前段階の質を高めていくことが、取組み全体の質を高めることにつながります。したがって、中間マイルストーンに対してこそ、質の観点からの評価を加えていくべきともいえます。

　施策・仕組みづくりなどの期間限定の取組みテーマ、比較的長い期間で推進するプロジェクト型のテーマなどの場合には、この方法を参考に重要成功要因の検討を進めてください。

プロセスKPIを設定する

　重要成功要因の検討・想定ができたら、それに対応するプロセスKPIの設定に進みます。重要成功要因がクリアされているかどうかや、重要成功要因への取組み状況などを測る指標を設定するのです。

　プロセスKPIの指標の特定では、先に紹介した重要成功要因を考える代表的な観点のケースを参考にしてください。重要成功要因が特定されると、ムリなくプロセスKPIの指標は設定できると思いますが、以下のような質問を投げかけてみることで、よりプロセスKPIの指標を考えやすくなります。

①重要成功要因がクリアされた状態とはどのような状態か。それを定量的に示すものは何か

②重要成功要因から考えて、高めるべきこと、改善すべきことはなにか。高まった・改善できた状態を定量的に測るものはなにか
③重要成功要因から考えて、活動を強化すべきこと、しっかり取り組むべきことはなにか。また、強化が進んでいる・しっかり取り組んでいることを定量的に測るものはなにか

　プロセスKPIを検討する際に、よく次のような質問を受けます。
「プロセスKPIとして、『訪問回数・件数』や『打ち合わせ回数・ミーティング回数』などの活動項目を指標として設定するのは問題ないでしょうか」
　おそらく、③の観点からプロセスKPIを設定している場合に出てくる疑問でしょう。それらの活動項目が重要成功要因と明確にリンクしているのであれば、プロセスKPIとして設定することに問題はありません。こうした質問が出るのは、KGIと重要成功要因・プロセスKPIとの相関関係が一定の仮説にすぎないと考えているからでしょう。仮説で想定した項目をプロセスKPIとして設定することも問題ありません。
　このような場合には、「その活動項目の目的・狙いや、生み出したい効果はなにか」を考えてみてください。たとえば、訪問回数を増やす目的・狙いが「提案の引き合い情報を数多くいただくこと」となるとします。だとすれば、プロセスKPIとして「訪問回数」を測定しつつ、その有効性や成果との相関関係として「提案の引き合い件数」と合わせて見てみます。相関関係が認められたら、訪問回数は、仮説検証済のプロセスKPIとなります。
　プロセスKPIの指標が設定できたら、それらの指標に対する目標達成水準や目標実行水準を定量的に設定していきます。指標と水準がセットで完成となる点はKGIと同様です。
　指標と水準が設定できたら、改めて以下の観点からプロセスKPIをチェックしてみましょう。
・プロセスKPIの指標は具体的で理解できるものか
・プロセスKPIの指標は測定可能なものか

・プロセスKPIの水準は達成可能・実行可能な水準か
・プロセスKPIの水準は低すぎる水準となっていないか
・プロセスKPIの水準の達成期限は明確かつ適切か

推進者は誰か

　最後に、部門のKGI・プロセスKPI設定の手順（図4・1、手順1～4）について、それぞれ誰が推進するかについて整理します。

　本章で説明しているステップ4は、基本的に部門管理者と実務キーパーソンが進めます。これは手順1～4において共通です。ここでは、それぞれの手順について補足説明します。

　手順1（設定準備）は、部門管理者が主導的な役割を果たして、ミッション・外部環境変化・ビジョンから見た整理を進めます。その過程で、実務キーパーソンや現場の課題認識などを把握・反映できるとよいでしょう。課題やその優先順位などを検討する際には、事業部幹部の意見や意向を反映させることも必要になるかもしれません。タイミングとしては、設定準備の作業は、年度の総括ないしは来年度の目標・方針検討に先立って行われます。企業によっては、設定準備の作業は事業部幹部を交えた合宿討議的な形で進められているケースも多いようです。

　手順2（目標を設定する対象の検討）も、部門管理者が主導的な役割を果たします。なにに対して目標設定を検討するかは、すなわち、なにに優先度を置いて取り組むかという判断でもあります。したがって手順2は、実務キーパーソンや現場の意見・意向を確認するというよりも、部門管理者と必要に応じて事業部幹部との討議の中で検討を進めるのが通常です。

　手順3（KGI設定）も、同じく部門管理者が主導的な役割を果たしながら進めます。なにを指標とするか、目標達成水準の妥当性・達成可能性はどうかについては、実務キーパーソンの認識を確認する場面もあるでしょうが、最終的な判断は部門リーダーとしての部

門管理者が行うべきでしょう。

手順4（プロセスKPIの設定）になると、部門管理者が主導しつつも、実務キーパーソンに主役を移すケースが多くなります。重要成功要因はなにか、重要成功要因を踏まえたプロセスKPIの指標の検討や水準の検討は、現場の実情を理解している実務キーパーソンとの連携の中で設定する方がよいからです。そのあたりの役割分担は、会社や部門によって異なります。部門の人員構成や実務キーパーソンの経験レベルなどにも依存することになります。

「内部プロセス」「学習と成長の視点」の戦略課題と部門のKGI・プロセスKPIの関係

ステップ2～4の「戦略マップの整理～戦略目標の設定～部門のKPI設定」までの説明を終えたところで、実務の中でよく出てくる質問・疑問について触れます。

■戦略マップの4つの視点のうち「内部プロセスの視点」と「学習と成長の視点」の戦略課題は、財務の視点・顧客の視点の目標を達成するための手段・方策という側面もあるのでは？
■したがって「財務の視点」「顧客の視点」からの戦略課題に対しての目標は、部門のKGI（成果KPI）として設定し、「内部プロセスの視点」「学習と成長の視点」の戦略課題はプロセスKPIとして設定する形が妥当な場合もあると思われる。
■一方で「内部プロセスの視点」「学習と成長の視点」の戦略課題も事業レベルの戦略課題であり、連携部門が多い場合を含めて、1部門のプロセスKPIとするのは妥当ではないようにも思う。

以上のような質問や論点をよく問われます。いずれも妥当な質問・論点であり、「戦略マップを良い形で整理していきたい」「部門のKPIも適切に設定していきたい」という想いの表れです。

実務的には、まさしくケースバイケースではありますが、その際

には下記を参考にしていただくとよいでしょう。

- ■戦略マップにおける戦略課題は、もともと事業全体ないしは全社の視点から検討しているものなので、それぞれが戦略課題であり、主担当部門の目標設定対象として捉えるべきものが多いでしょう。したがって「内部プロセスの視点」「学習と成長の視点」の戦略課題も、戦略課題の主担当部門の目標対象とし、部門のKGI（成果KPI）の設定を進めていく形を基本とするとよいと考えます。
- ■一方、バランスト・スコアカードの4つの視点の関係が、大きくは「財務の視点」と「顧客の視点」が目標・成果サイドの視点、「内部プロセスの視点」と「学習と成長の視点」が、方策・施策サイドの視点である側面はそのとおりです。
- ■したがって、戦略課題の内容によっては、たとえば「顧客の視点」の方策・施策として「内部プロセスの視点」の戦略課題が設定されるというケースがありえます。
- ■そのような場合に、両方の戦略課題ともに同じ部門が主担当部門となっているような場合には、当該部門のKPI設定において、「顧客の視点」の戦略課題を部門の成果KPIにおいて設定し、内部プロセスの視点の戦略課題をプロセスKPIにおいて設定するという形であっても問題ありません。
- ■一方、その場合の「内部プロセスの視点」の戦略課題が、他の戦略課題や部門との関係も相応にあるような場合には、部門の目標設定対象並びにKGI（成果KPI）としても設定し、そのKGI達成の重要成功要因とプロセスKPIを追加的に検討していく形が望ましいと考えます。

第5章

〈ステップ5〉取組みテーマの進め方の検討

　事業推進のためには、部門の業務機能に関わる定常的な活動のほかに、期間限定で取り組むプロジェクト型の業務（取組みテーマ）があります。

　本章では、KPIマネジメントの実践における取組みテーマの抽出と、取組みテーマの進め方の検討方法について記述します。

〈ステップ5〉
取組みテーマの進め方の検討

内容

◎部門間連携、方針要検討、本社への要望などのテーマ整理

◎取組みの優先順位と担当部門、達成目標（テーマのKPI）の設定

主な推進者

主要部門の部門管理者

　部門のKPIの検討・設定で、すべてがKPIに展開されるかというと、そうではありません。図5・1をご覧ください。事業推進における一般的な活動の種類を整理しています。

　定常業務は、業務フローや職務分掌などに記載されている、部門の業務機能に関わる定常的な活動です。第4章では、主に定常業務のKPI設定について整理しました。しかし、定常業務以外に「戦略的施策の位置づけで、明確な目的・ゴールのもと、期間限定で組織を編成して行われる活動」が存在します。「期間限定のプロジェクト型業務・テーマ」だと捉えるとわかりやすいでしょう。ここでは「取組みテーマ」と呼ぶことにします。

　本章では、取組みテーマの抽出、その進め方の検討方法、並びに取組みテーマのKPI設定について記述していきます。

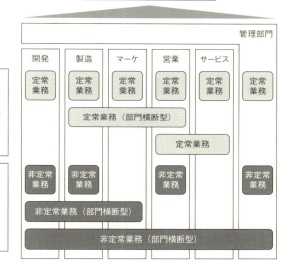

図5・1　活動の種類

手順 1 > 2 > 3
取組みテーマの候補の抽出

候補は多めに洗い出す

　では、どのような事項が取組みテーマとして抽出されてくるのでしょうか。図5・2のように、非定常業務の取組みテーマは「単一部門で閉じる取組みテーマ」と「複数部門間で連携して進める取組みテーマ」に分けられます。

　実際の検討場面では、ステップ2～4で整理した戦略課題の整理～部門のKPI検討のステップで、次のような観点から抽出・整理を行うのが実務的です。

①部門間連携で進めるテーマ
②本社部門への検討要望事項としてのテーマ

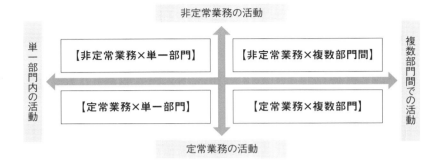

図5・2 定常・非定常、部門内・部門間による分類

③取組みの基本方針の明確化が必要なテーマ
④部門内の戦略施策・プロジェクトテーマ

　①～③は図5・2における「非定常業務×複数部門間」、④は「非定常業務×単一部門」の取組みテーマと捉えてよいでしょう。④については、ステップ4で述べた部門のKPI設定において、KGI・プロセスKPIに展開される場合も多いように思います。後に述べる取組みテーマの優先順位検討の対象になるのは、主に①～③のテーマが中心になります。

　図5・3をご覧ください。これは、ある事例企業において取組みテーマの抽出を行った結果の整理例です。事業計画への取組みを具体化していく中で、このような粒度の取組みテーマが設定されるというイメージとして捉えてください。

　コンサルティングを通じて事業計画におけるPDCAを支援している立場からいうと、図にある「取組みの基本方針の明確化が必要なテーマ」と「本社部門への検討要望事項としてのテーマ」などに実務面での知恵が詰まっています。実際の経営の現場では、あるタイミングで見たときに、すべての方針が明確に定まっているかというとそうではありません。その時点では「重要ではあるが、どう進めるかがまだ決まっていない事項」が必ずあります。それらは放置するのではなく、「方針が明確になっていない事項」としてしっかり

図5・3 取組みテーマの抽出・整理イメージ例

部門間連携テーマとしての企画・推進が必要なテーマ

在庫管理の最適化 〔販売／生産〕
製品在庫や仕掛在庫の管理基準の定義、管理のために必要となる仕組み・システムの見直しについての検討

顧客管理のための情報基盤の構築 〔マーケ／IT〕
これまで各事業部任せとなっていた顧客・案件管理を一元管理する仕組み・システムの構築

サービスメニューの見直し 〔マーケ／各事業〕
エンドユーザーの利便性向上のために提供するチャネル向けのサービス・支援メニューの見直しとその提供体制の整備

本社部門への検討要望事項としてのテーマ

人材育成計画のあり方の見直し 〔人事〕
中途入社の増加、今後の人員増計画の中で、理念の浸透と早期の人材育成を実現するための人材育成プログラムの抜本的な見直し

採算・利益管理制度の見直し 〔財務〕
各事業の事業内容や基本戦略が変化する中で、顧客別・案件別の利益管理方法と管理会計上のルールの整備

KPIマネジメントシステムの運用設計（PDCA） 〔企画〕
従来のマネジメントシステムにKPIの要素を加味した形で、かつ、事業部・現場にとって負荷の少ない形での運用の仕組み

取組みの基本方針の明確化が必要なテーマ

営業ノウハウの見える化 〔営業〕
今後の事業展開からは、営業ノウハウの蓄積・継承が必要だが、どのように取り組んでいくのが自社にとって最適なのかの検討が早急に必要

海外オペレーションの品質管理の強化 〔生産〕
海外生産が増えていく想定の中で、海外工場・協力工場の品質管理の強化をどのような体制とスピード感で進めていくかの方針整理が必要

部門の戦略施策・プロジェクトとなっているテーマ

新規顧客開拓ツールの徹底活用 〔営業〕
前年度にIT部門によって開発した新規顧客開拓用のツール・サービスを徹底活用して、新規顧客の開拓目標を設定して取り組む

将来の生産委託先候補の開拓強化 〔生産〕
コスト競争力の継続強化のため、国内・海外のターゲットエリアにおいて、一定の基準を満たす新規の生産委託先候補を開拓する取組み

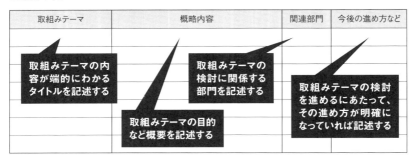

戦略課題の整理や部門のKPI検討を進めながら取組みテーマの抽出を並行して進めるのが実務的です。

と組上に乗せることが大切です。これが「基本方針の明確化が必要なテーマ」です。

　また、事業部の戦略課題の整理や目標達成のための方策を検討していると、本社・コーポレート部門が対応すべき事項なども認識できます。しかし、それらを取組みテーマとして認識・具現化できない企業が多いのも事実です。KPIの検討を通じて、それらの取組みテーマ候補をトスアップすることができるとよいでしょう。

　図5・4は、取組みテーマの抽出・整理を進める際の参考フォーマットです。活用の仕方としては、「ステップ2：戦略課題の整理」「ステップ3：戦略目標の設定」「ステップ4：部門のKGI・プロセスKPIの設定」の討議・作業を進めていく際に「取組みテーマとすべきである」と感じた事項をどんどん列挙・書き足していってください。実際に取り組むかどうかは別途の検討として、候補は多めにどんどん洗い出していくとよいでしょう。それにより、事業部幹部・部門管理者の課題認識の整理・共有にもつながります。

　弊社が支援する際には、事業部・部門との討議を行いながら、取組みテーマ候補と思われる事項があれば、どんどん図5・4のフォーマットに書き込んでいく形を取ります。そして後日、それらの課題認識について事業部幹部・管理者の皆さんと討議し、その必

図5・5 （参考）取組みテーマの内容の属性による分類例

1. 見直し系

現在ある仕組み・制度・プロセス・体制などを見直す、改善・改良する
　例）○○製品のライフサイクル管理のあり方の見直し

2. 策定・構築系

新たに仕組み・制度・プロセス・体制などをつくる、企画する
　例）顧客満足度調査の仕組み構築

3. 合意系

推進していくために他部門との合意を取る
　例）協力工場とのクレーム情報共有のあり方についての基本方針設定・合意形成

4. 現状把握系

課題ややるべきことを明確にするために現状どうなっているかを把握する
　例）開発リードタイムの現状と課題についての分析

5. モニタリング系

各種調査や定点観測を実施する
　例）四半期ごとのブランド認知度調査の実施結果の分析

6. 組織力強化・人材育成系

組織力強化や人材育成のための取組みを実施する
　例）……の人材育成課題に対しての対処法・強化プランの策定

要性を確認していきます。

　参考までに、図5・5に取組みテーマとして抽出されてくるものを内容の属性で分類した場合の一般的なカテゴリー例を示します。他のカテゴリー設定や分類もありえるので、1つの参考としてください。図の1～6の観点（「見直し系」「現状把握系」など）をチェックリスト的に位置付けて、事業部全体や部門間で各属性の取組みが必要ないかというような形で確認してもよいかもしれません。

手順 1 2 3

取組みテーマの優先順位の検討

「重要度」と「難易度」の評価・判定

　取組みテーマ候補の抽出とともに、その優先順位をどのように検討するかも大切なポイントです。各社の人的リソースや投資予算などは有限ですから、候補のすべてを同時に進めることはできません。そこで、優先順位を検討する必要が出てきます。

　先に述べたとおり、候補にあがっている項目は、その多くが複数の部門が絡むテーマ、事業部全体に影響するテーマです。場合に

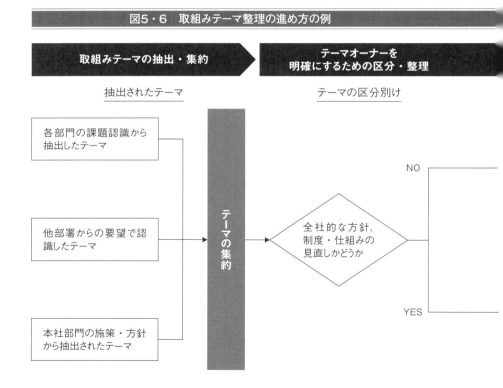

図5・6　取組みテーマ整理の進め方の例

よっては本社・コーポレート部門が絡むテーマがあるかもしれません。基本方針が明確になっていなくても、重要性は高いと思うものが多いはずです。

そこで、事業部・全社への影響も踏まえながら、各部門の問題意識を共有して、かつ各当事者の納得感も醸成しながら優先順位を検討する「進め方」が大切になってきます。

優先順位検討の進め方は、各社の意思決定プロセスの特徴などに依存するので、これが正解という方法はありません。そこで、1つの参考的な進め方として紹介します。

図5・6をご覧ください。ある事例企業における取組みテーマ整理の進め方の例です。図5・6はその全体像を示しています。

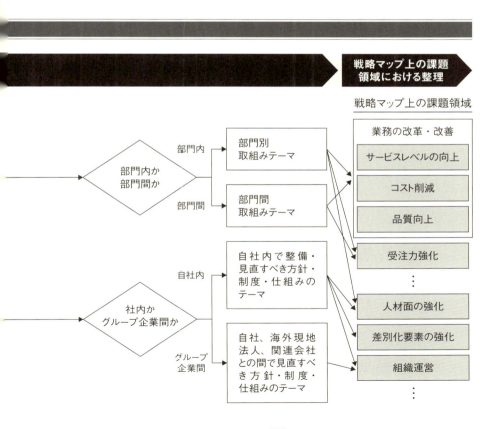

取組みテーマの抽出は、「各部門の課題認識」「他部署から出た（他部署への）要望」「本社部門の施策・方針からの抽出」の観点から行いました。事業計画を具体化する際に、戦略課題を抽出する過程（戦略マップの作成）で実施しました。
　これらのテーマ候補に対して、図のようなテーマの区分分けを行いました。ここでの目的は、部門内で閉じた取組みテーマ（図では「部門別取組みテーマ」）とそれ以外を分けることです。部門別については、リソースの制約やリソースの追加投入が必要な場合を除き、各部門の判断でタイミングや優先順位を決定する形をとりました。また、残りの区分については、部門間・本社・グループ企業などと関係するテーマなので、事業部全体での優先順位検討を行う形をとりました。
　取組みテーマの優先順位の検討は、「重要度」と「難易度」の評価・判定から行っていく形が一般的です。重要度は、効果ないしは影響度と捉えてもよいでしょう。事例企業においてもその枠組みで検討を進めました。
　図5・7をご覧ください。事例企業において重要度と難易度を優先順位づけした際の検討ロジックの概要を示しています。実際の場面では、どれほどの額をもって効果や影響度が大きいと判断するか、どれだけの投資や人員投資をもって難易度が大きいとするかの「判断基準」を、先に事業部幹部ですり合わせします。そのうえで、各取組みテーマの評価を行い、「判断基準」の設定ラインに違和感がある場合には、再度修正の上、各テーマの重要度・難易度の面からのポジショニングを行っていきました。
　図5・8は評価のポジショニングの枠組み例です。最終的になにから着手すべきかという判断は、ポジショニング結果だけで決定するのではありません。いったん図のような象限で整理しつつも、定性的な要素を加味して最終的な優先順位を検討しました。とくに、難易度が高い（投資や人的リソースの投入が必要）テーマへの対応方針をどうするかや、判定上の重要性は中程度でも将来への影響な

図5・7　取組みテーマの優先順位検討の枠組例①

重要度（効果）による優先順位づけ

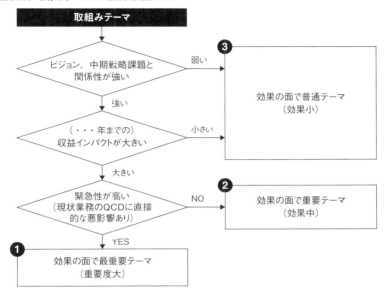

実行の難易度による優先順位づけ

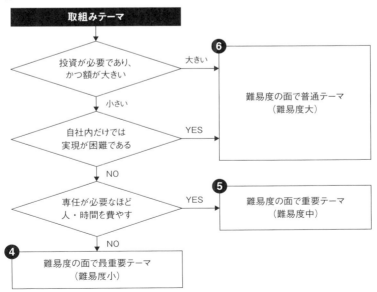

図5・8 取組みテーマの優先順位検討の枠組み例②

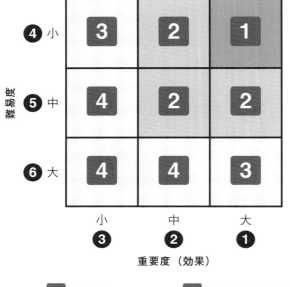

どを勘案すると優先度を上げるべきではないか、といった検討です。

　優先順位を決めることは、逆にいうと「取り組まないテーマを決める」ということでもあり、その意思決定は難しいところです。だからこそ、一定の共通した判断基準で整理するところから討議・決定していくことが重要です。定性的側面で優先順位が上がったものは、それだけの理由・背景の認識が共有されているはずですから、そのプロセスが大切なのです。

　また、ここから外れたテーマの今後の位置づけを整理しておくことも大切です。次に実施を検討するタイミングはいつか、ある状況・事態になったら取組みを再度検討するなどの基本的方向性を確認しておくなどです。

手順 1 2 3

担当部門・資源配分の決定と取組みテーマのKPIの設定

実行の準備と計画の策定

　取組みテーマの優先順位が整理されたら、次はその実行準備と計画策定を行っていきます。ここまでで、担当部門や必要な経営資源もある程度想定できていると思いますが、決定内容と投入できる経営資源の制約などを改めて整理します。そして、担当部門が取組みテーマ自体のKPIの設定を進めていきます。

　図5・9をご覧ください。取組みテーマの計画書のフォーマットの参考例です。取組みテーマは、その属性から年度をまたがって推進するテーマも相応にあります。したがって、計画書も複数年度にわたる形で設計されることが多いでしょう。

　成果KPIについては、取組みテーマによっては定量的な目標指標を設定しにくいものがあるかもしれません。しかし、その目的・狙いから考えて、そのテーマが完了した時点でどのような状態になっているのか、どのような効果・成果につながりうるかという観点から、できるだけ定量的な目標を設定してください。一方で、第4章の成果KPIの項でも述べたとおり、「期限系の目標」を成果KPIとする形であっても問題はありません。

　プロセスKPIについては、定常業務のKPI検討と同様に、成果KPIに対しての重要成功要因を検討し、プロセスKPIにつなげていきます。複数年度にわたる中長期の場合には、プロセスKPIも中間段階での到達目標という形で設定するケースもあります。

　取組みテーマの計画書としては、図の下部にあるように重要実行項目の実施計画や、実行体制などの要素も大切です。取組みテーマ自体が、「期間限定の取組みであること」かつ、通常の「職制・職

務分掌」とは別途で設定される業務であるからです。まさしくプロジェクトの計画（目標・実行計画・体制など）として作成しておくことが必要です。

図5・9　取組みテーマ計画書のフォーマットイメージ例

優先順位検討の後、下記のような計画書として各取組みテーマの目的・目標・計画を設定

取組みテーマ計画書

取組みテーマ	

担当部門		実行責任者	

取組みテーマ概要

本取組みテーマの目的・狙い（必要性が認識された背景）

取組みテーマの目的・狙いが達成された状態（定量・定性）（成果KPI）
（取組みテーマの完了した時点での達成目標を可能な限り定量的に記載）

実行計画（概要）

重要マイルストーン・重要実行項目

実行体制

	担当者	主な役割
リーダー		
メンバー		
メンバー		
メンバー		
アドバイザー		
・・・		

第5章 ステップ5 取組みテーマの進め方の検討

	課題領域		取組みテーマID	
	バージョンNO		最終更新日	

本取組みテーマの前提条件(対象の組織・業務・プロセスなど)

重要成功要因	指標と達成水準(プロセスKPI)			
	指標	2014年	2015年	2016年

・・・年				・・・年				・・・年		・・・年	
1Q	2Q	3Q	4Q	1Q	2Q	3Q	4Q	上期	下期	上期	下期

	投入時間(平均時間/月)			
	・・・年	・・・年	・・・年	・・・年

第6章

〈ステップ6〉
アクションプラン
の設定

部門のKPI、取組みテーマの進め方の整理を受けて、具体的なアクションプランを整理していきます。KPIを達成するために取り組むべきアクションとその期限、担当の整理です。

〈ステップ6〉
アクションプランの設定

内容
◎KGI・プロセスKPIに対しての
　アクションプランを整理

◎KGI・プロセスKPIと
　各個人の業務目標との関係を整理

主な推進者
部門管理者＋部門メンバー

個人のアクションプランに繋げる

　部門のKPI、取組みテーマの進め方の整理ができれば、次は具体的なアクションプランの整理です。KPI設定の面からは、部門として達成すべきこと、行うべきことの整理が主であり、部門のメンバーである各個人がなにを行うかは、その結果整理できることと捉えます。

　アクションプランの整理のしかたは各社各様です。第4章図4・15で示したKPI設定シートのプロセスKPIの横に、主な担当者・アクション項目と実施スケジュールなどを記載していく形が一般的でしょうか。KPI設定シートとアクションプランシートのつながりを明確にしながら別々のシートで作成されているケースもあります。取組みテーマについては、第5章で示した取組みテーマの計画シートがアクションプランも兼ねる形のフォーマットとなっています。

　アクションプランの設定は、部門管理者と部門メンバーが連携し

て進めます。アクションプランの設定を通じて、部門管理者がそれぞれの業務の目的・狙いや、業務を進める上でのポイントなどを部門メンバーにしっかりと伝えていくことが大切です。とくに明確な手順があるわけではないので、その記載は割愛します。

KPIマネジメントと個人の目標管理の関係

　個人の目標管理を導入している企業においては、KPIマネジメントの取組みと個人の目標管理をリンクさせているケースが多くなっています。部門として設定するKGI・プロセスKPIと個人の業務目標をリンクさせることで、個人の目標管理の取組みレベルを高めることを狙いとしているのです。ここでは、このような企業の取組み例をご紹介します。

　図6・1は、その事例企業における取組みの枠組みです。事業の課題や事業目標達成のための組織としての取組みと、個人の目標管理とを有機的に連鎖させたいとの意向から進められました。従来同社の目標管理は、どちらかというと個人の能力開発や自己啓発的な側面から目標が設定される傾向がありました。もちろんこれは理にかなった取組みであったのですが、一方で事業活動における目標達成や改革・改善活動と個人の取組み目標との関係性が希薄であるとの課題がありました。

　取組みの枠組みが示すとおり、同社では個人レベルの目標管理における設定項目（図では「アクションプラン」と「成果イメージ」）を、上位組織との関係性を明確にしながら設定していく方向に変更しました。その際、現状の人事制度における目標管理シートの項目は変更せず、同じフォーマットを用いました。つまり、制度は変更せず、運用の仕方を変えることで、組織の目標と個人の取組みの有機的連動性を高めることを目指しました。

　なお、取組みの枠組みにおける事業部レベルにおける戦略マップの整理、部レベルにおける成果KPI・プロセスKPIの整理などの進

図6・1 部門のKPIと個人の目標とのリンク ―取組みの枠組み例

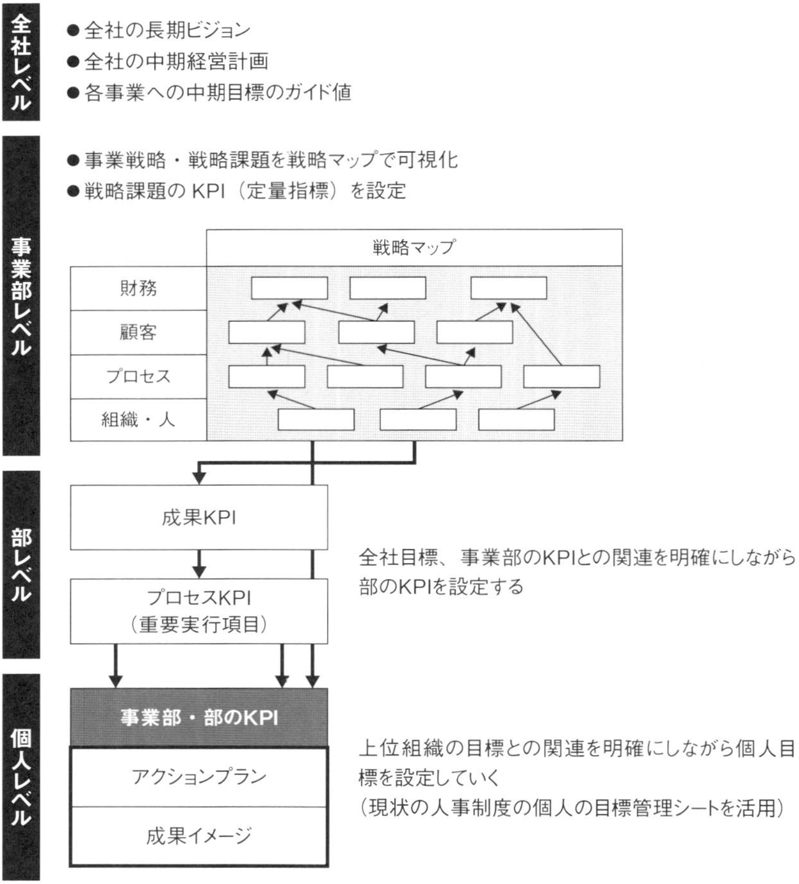

全社レベル
- 全社の長期ビジョン
- 全社の中期経営計画
- 各事業への中期目標のガイド値

事業部レベル
- 事業戦略・戦略課題を戦略マップで可視化
- 戦略課題のKPI（定量指標）を設定

戦略マップ
- 財務
- 顧客
- プロセス
- 組織・人

部レベル
- 成果KPI
- プロセスKPI（重要実行項目）

全社目標、事業部のKPIとの関連を明確にしながら部のKPIを設定する

個人レベル
- 事業部・部のKPI
- アクションプラン
- 成果イメージ

上位組織の目標との関連を明確にしながら個人目標を設定していく
（現状の人事制度の個人の目標管理シートを活用）

め方は本書でこれまで説明してきた内容と同様の手法で進めました。

図6・2は、その取組みにおける実施作業の手順を時間軸で整理したものです。ここではとくに「個人の目標設定と部のKPIとの関連付け」の実施手順に着目ください。

個人に対する「説明会の開催」において、組織レベルでの検討内容（戦略課題整理、各部門のKPIなど）を伝えるとともに、個人の

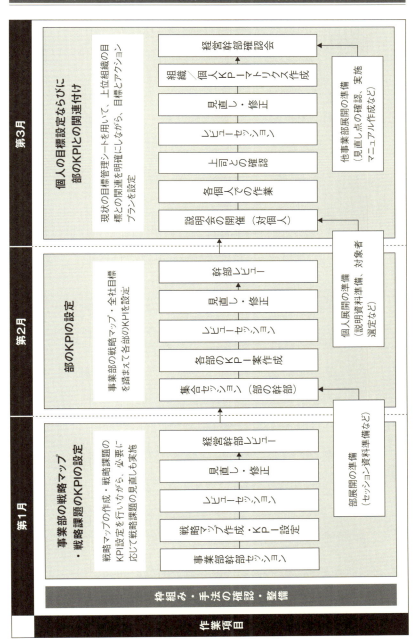

図6・2 個人レベルの目標とのリンクまでの実施ステップ例

目標管理の設定における制度運用の変更主旨を明確に伝えました。その上で、各個人での目標管理の設定作業に進みました。この時点で、上司にあたる部門管理者は各担当者と個別に打ち合わせる機会をもち、部門の目標や重要事項項目、すなわち成果KPIやプロセスKPIのうち、各担当者になにに対して取り組んでいってほしいのかを伝えるという形をとりました。

図6・3がその関係を示したものです。個人の目標管理シートでは、「なんのために（上位組織のKPI）」「自身はなにに取り組むか（アクションプラン）」「どのような進捗や成果を想定するか（成果イメージ）」を設定します。アクションプランと成果イメージは、従来の目標管理シートの項目どおりですが、「なんのために」を新たに付加して、部の成果KPIやプロセスKPIの中でその担当者が主業務として担う役割・テーマ・業務を設定することにしたのです。

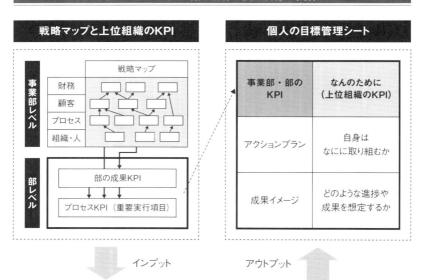

図6・3　上位組織の目標と個人目標の関係

これは至極当然のように思えるかもしれませんが、各社における実際の組織運営を見ていると、組織の目標・課題と個人の取組み目標をしっかりと繋げられているケースは必ずしも多くありません。KPIと個人目標のリンクという枠組みに問題があるケースもあれば、管理者と担当者間のコミュニケーションの課題であるケースもあります。

　同社のケースでは、個人の目標設定の場面において、「なんのために」について管理者と担当者間でコミュニケーションをとる機会を組み込んだことが1つの特徴だと言えます。

　説明会では、各部門の管理者に対して「個人（担当者）の目標管理シートにあたっての依頼事項」として、次のように伝えられました。

・各個人に対して、部門のどの成果KPIないしはプロセスKPIに関する個人目標を設定してもらうかを明確にし、その意図を含めて伝達する
・部門に属する全メンバーを想定した場合、担当者の業務に対応する成果KPI・プロセスKPIが見当たらない場合も考えられる。その場合は「支援業務」などの項目を部門のKPI対象業務に加えて、その期待値などを記述して伝えるようにする

　後者については、部門の重要業務に対してのKPIを設定していくという側面からは、KPIの設定項目を増やしてしまう方向にもなりますが、同社は個人の業務項目と組織の目標項目とのつながりを持たせることを重視して、上記の事項を部門の管理者に依頼しました。

　担当者の目標設定を行う際には、その推進に必要な工数などの必要資源も明確にあげてもらうようにしました。業務が集中する担当者は、多数の目標項目を設定する形になりがちです。それ自体は致し方ないのですが、実際のアクションを考えた場合、工数の面で成り立っていないということは避けないといけません。結果的に組織としてのKPIも実行・達成できないことにもつながるからです。

　図6・4をご覧ください。事例企業の取組みにおいて、組織の

KPIと個人の目標のリンクについて事業部幹部が取りまとめた概念図です。

　組織から個人に対しては、組織の課題・目標の理解が進みます（図中①）。一方、個人から組織に対しては、個人目標と組織目標の

図6・4　個人の目標とのリンクによって整理できること

事業部の戦略マップより

組織のKPI 個人の目標			それぞれのテーマ・課題は事業部・全社のどの目標と関連しているか		テーマ・課題	‥‥‥‥
					関連する事業レベル （全社レベル）のKPI	—————
					カテゴリー	成果目標 （成果KPI）
					指標	×××
①組織の課題・目標の理解					水準	○○○
	事業部・部のKPI	アクションプラン	成果イメージ			
Aさん	(1)	×××××	‥‥‥	—————		◎
	(2)	×××××	‥‥‥	—————		
	(3)	×××××	‥‥‥	—————		
Bさん	(1)	×××××	‥‥‥	—————		
	(2)	×××××	‥‥‥	—————		
	(3)	×××××	‥‥‥	—————		◎
Cさん	(1)	×××××	‥‥‥	—————		
	(2)	×××××	‥‥	②個人目標と組織目標の関連付け		
	(3)	×××××	‥‥			
	(4)	×××××	‥‥‥	—————		
⁚	⁚	⁚	⁚	⁚		

目標管理制度の設定項目

関連付けが従来よりも明確になりました（同②）。それぞれの個人の目標は、組織のどのKPIに対応するかが明確になり、その結果、活動開始前の計画段階であっても、一定の実行保証が確認できることになりました（同③）。

部が担う戦略課題・テーマの
1つひとつに対してKPIを設定する

…部（もしくはグループ）						
	･･･････			･･･････		･･･
	─────			─────		･･･
重要実行項目（プロセスKPI）	成果目標（成果KPI）	重要実行項目（プロセスKPI）	成果目標（成果KPI）	重要実行項目（プロセスKPI）	･･･
×××	×××	×××	×××	×××	･･･
○○○	○○○	○○○	○○○	○○○	･･･

③ 実行保証の確認

それぞれの個人目標が組織のどのKPIに対応するのかを明確にしながら設定する

個人レベルまでKPI設定を展開するか

　筆者は、よく次のような質問を受けます。
「事業の戦略課題→部門のKPIの設定まで進めたら、次は個人のKPIにまで展開・ブレイクダウンすればよいのでしょうか？」
　理論的には、個人レベルまでKPI（KGIとプロセスKPI）を展開することは可能です。しかし、実務的な設定の手間やマネジメントにかける工数を考えた場合、個人レベルにまでKPI設定を展開する必要はないと考えます。むしろ、本章の事例で紹介したように、部門のKPI設定までをしっかり行った上で、個人の目標設定については既存の制度枠組みを用いながら、「なんのために」のつながりの部分をしっかりと行うことで十分ではないかと思います。その際、先に設定した戦略課題のKGIや部門のKPIを用いることで、担当者レベルにまでKPIマネジメントの概念・考え方や、指標そのものを理解・浸透させることもできます。

　最後に、第10章で述べる「KPIでPDCAを回す」と関係しますが、部門のアクションプランの設定や、事例企業で紹介した個人の目標設定を行う際には、実行段階における進捗確認のポイントも明確にしておくようにしてください。
　確認のタイミングは、担当者やKPI項目ですべて同一にする必要はありません。担当者の業務遂行状況や管理能力、KPI項目の難易度や業務属性（必要な確認タイミング）などによって、確認タイミングや確認方法を分けて設定する形でも問題ありません。P（計画）の段階で、「C（チェック）」のポイント・タイミングを整理していくことでPDCA全体のレベルアップにつながります。

第7章

〈ステップ7〉
戦略マップの最終化と予算設定

ステップ4～6の検討結果を踏まえて、追加で認識した戦略課題や取組みテーマを反映して、戦略マップを最終化します。

また、財務を中心とした数値目標の最終化と資源配分の予算設定を行います。

〈ステップ7〉
戦略マップの最終化と予算設定

内容

◎戦略マップの最終化
（トップダウンとボトムアップの融合）
◎単年度の予算・資源配分への展開
（予算の最終化）

主な推進者

事業部幹部＋部門管理者

トップダウンとボトムアップの融合

　本章で述べる戦略マップ最終化の工程は、ステップ2～3で検討した戦略マップを踏まえて部門のKPIに展開すれば、必要ないように思えるかもしれません。しかし実際には、ステップ2～3の時点は、「重要戦略課題を概略レベルで抽出している段階」であり、「ステップ4～6の部門レベルでの検討を進めている中で、新たな戦略課題や取組みテーマとすべき事項」が追加で認識されるのが通常です。追加の戦略課題が発生すること自体、悪いことではありません。現場・実務レベルからの問題提起・課題のトスアップがあることは、むしろよいことと捉えるべきです。したがって、ステップ4～6を終えた段階で、追加で認識した戦略課題や取組みテーマを戦略マップに反映する形をとるのが一般的です。

図7・1をご覧ください。第2章で紹介した戦略課題抽出における2つのアプローチです。ステップ2～3で行った戦略課題の整理と戦略目標の設定は、どちらかというとトップダウンアプローチでの検討が中心となっています。一方、ステップ4～6では、それを踏まえた部門レベルへの展開を行っています。そこで認識される戦略課題や取組みテーマは、どちらかというとボトムアップでのアプローチでの検討と言えます。

　本ステップで説明する戦略マップの最終化という工程を経ることで、トップダウンの目標・戦略課題の検討と、ボトムアップの課題抽出が融合することになります。

　図7・2をご覧ください。戦略マップの最終化における一般的な検討事項の例をあげています。それぞれについて、その内容を説明していきます。

図7・1　事業部の戦略課題抽出おける2つのアプローチ（再掲載）

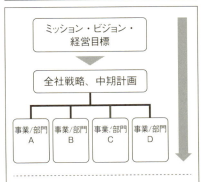
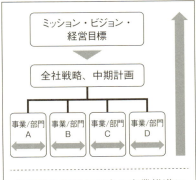

図7・2　戦略マップの最終化における検討事項例

- ●戦略課題の見直し
    - ― 部門レベルの検討で追加認識した戦略課題
    - ― 取組みテーマへの対応方針
    - ― 戦略課題相互の関係性の確認　　など
- ●戦略目標の達成水準の見直し
    - ― 概略レベルの達成水準（第1版時点）からの具体化
    - ― 進捗年度の着地見込み状況による見直し
    - ― 次年度予算における必達目標水準の見直し
    - ― ストレッチの視点、一方での実行可能性の視点　　など
- ●単年度予算への展開
    - ― 各部門の目標値の最終化
    - ― 投資・費用予算の設定
    - ― 組織体制、人的資源の配分の設定　　など

手順 1 2 3

戦略課題の見直し

追加認識した戦略課題と取組みテーマへの対応方針

　まず、戦略課題とその内容の見直しを行います。その際の観点は次の2つです。

①部門レベルの検討で追加認識した戦略課題

　1つは、部門レベルでの検討で追加認識した戦略課題です。部門のKGI・重要成功要因・プロセスKPIを検討している中で、ステップ2で行った戦略マップの第1版に加えるべき戦略課題が出てきたり、抽象的だった戦略課題がより具体的に掘り下げられることがあります。第1版の戦略マップは、トップダウンでハイレベルな戦略課題が抽出されていて、そこに各部門が考える業務上の重要課題な

どを加えていくという形です。

また、戦略課題の認識自体に疑問や論点が生まれることもあるでしょう。こうした場合は、事業部幹部も含めて、改めて戦略課題の認識合わせを行わなければなりません。

②取組みテーマへの対応方針の検討結果の反映

もう1つは、ステップ5で説明した取組みテーマへの対応方針の検討結果の反映です。取組みテーマには、既に述べたとおり「部門間での連携テーマ」「本社・コーポレート部門での対応テーマ」「重要ではあるが、基本方針などが定まっていないテーマ」などがあがっています。それらに対して、優先順位や目標などの検討が具体化した場合には、それを戦略課題へ反映しなければなりません。

その時点では方針・方向性が明確になっていないテーマがあるかもしれません。しかし、それは「方針要明確化」として位置付けておけば問題ありません。いつまでに方針の明確化をするかということ自体が戦略課題の1つになるでしょう。

上記2つの観点の見直しと合わせて大事な視点となるのが、戦略課題相互の関係性を再確認することです。戦略マップの第1版の時点でも行っていますが、戦略課題間の因果関係を考え、相互に矛盾するような方向になっていないかについて、再度確認してみる必要があります。矛盾・齟齬がある場合には、事業部幹部での再検討・調整が必要になります。

手順 1 2 3
戦略目標の達成水準の見直し

戦略目標の達成水準の再確認と合意形成

戦略課題の見直しの次に(または並行して)進めるのが戦略目標の達成水準の見直しです。これも、ステップ3で検討・設定してい

るので、前提条件や事業環境に変化がなければ見直しする必要はないともいえます。しかし実際は、「戦略マップの第1版の検討段階では、概要レベルの目標設定であった」「戦略課題そのものが一部見直しされた」などによって再度の見直しを行う方が適切であるケースの方が多いでしょう。

　後述する単年度予算への展開の面からも、少なくとも財務面については、目標達成水準を再度確認・社内合意形成を行っておく必要があります。

　年度業績の着地見込みを見直す必要があるケースもあります。戦略マップ第1版の検討時点は、年度末の3～数ヵ月前である場合が多いでしょう。期末近くになってみると、着地見込みが想定よりも高くなった、または低くなったケースがあります。そのような場合、中期の達成目標や次年度の達成目標などを見直す必要があります。当然ながら、財務以外の戦略目標の達成水準にも影響が出るものがあるでしょう。

　同様に、次年度予算における必達目標水準の見直しが必要になるケースもあります。これは、当該事業部の事業環境（競合の動き、顧客動向などの外部環境）が要因である場合もあれば、他の事業部の業績状況や全社の財務状況などから、当該事業部への業績面での期待値・必達目標に変更が生じてしまうというケースもあるでしょう。

　第4章でも述べたとおり、目標達成水準の設定方法に定まった正解はありません。ムリをしすぎて実行できそうにない目標設定をすることは適切ではありません。その時点の事業環境や組織の状況などを踏まえながら、多面的に検討・設定してください。その観点からも、戦略目標の達成水準は、本ステップまで進んだ時点で見直し・最終化を行うことが大切です。過去の検討・設定内容を是としすぎて、高すぎる目標・低すぎる目標・前提条件が異なる目標などになってしまうことは避けなければなりません。

　以上を踏まえて、戦略マップそのものの文言や記述も修正しま

す。そして修正結果を戦略マップの最終版として位置付け、事業部幹部・部門管理者を中心に共有することをお勧めします。

手順 1 2 3
単年度予算への展開

戦略投資の予算設定と経営資源の配分

　戦略マップの見直しを終えたら、単年度予算へ展開します。手順2までで、事業部全体のレベルでの中期の戦略目標や、次年度財務目標などはおおむね最終化されています。それを部門別の年度の目標値として最終化していきます。

　部門の主な目標項目については、ステップ4でいったん目標達成水準が設定されています。一方、先に述べた戦略課題・戦略目標に見直しがある場合は、その影響を部門のKGIの目標達成水準に反映させる必要があります。また、ステップ4の段階では、部門のKGIは中期の目標達成水準までしか設定していなかったということもあるでしょう。その場合には、直近の状況をベースに、単年度としての次年度の目標達成水準を設定します。

　目標達成水準の設定とともに、その達成のために必要となる戦略的な投資・費用項目についての予算設定も必要です。経営資源（ヒト・カネなど）の裏付けがなく、単に目標値だけが設定されている形は避けなければなりません。

　このタイミングでは、事業部レベルで次年度の組織体制なども定まっているでしょう。そこで事業部レベルでは、部門への経営資源の配分と、戦略目標の達成水準や先に整理した取組みテーマの優先順位などとの整合性が取れているかを確認します。期待する目標値や取り組むテーマと、経営資源の配分がアンマッチとなっていないかどうかの確認です。

　さらに部門内のレベルでは、課・グループなどの下位の組織単位

における経営資源の配分を、同様の観点から確認します。目標設定にムリがある場合には、部門内での調整、もしくは部門の目標や経営資源の配分の見直しなどを再度事業部レベルに要請することも必要です。

　以上で説明した戦略マップの最終化と予算設定は、事業部幹部と部門管理者が中心となって進めます。目標の最終化・調整、経営資源配分の検討・調整が主な事項となるからです。全社的な観点からの目標達成水準の検討や、経営資源の配分の検討内容によっては、本社の経営企画部門が参画して検討するケースもあるでしょう。

第8章
〈ステップ8〉
KPIマネジメントの運用ルールの設定

KPIを設定するだけではKPIマネジメントとはいえません。KPIでPDCAをしっかりと回していくことが重要です。本章では、KPIを活用したPDCAの基本方針や、運用ルールとして整理・設定すべき事項について説明します。

〈ステップ8〉
KPIマネジメントの運用ルールの設定

内容

◎ 事業部としてのPDCAの基本方針の設定
◎ KPIの進捗共有の方法、調整・意思決定の場と方法の設定

主な推進者

事業部幹部＋部門管理者（＋経営企画）

大切なのは運用・活用

　どのような制度・仕組みもそうですが、設計・構築と同様に、もしくはそれ以上に大切なのが運用・活用です。企業の方々と討議していると、制度・仕組みの運用や浸透・定着がうまくいかず苦労しているという話をよく聞きます。

　KPIマネジメントも同様です。KPIの設定を適切に行うことも大切ですが、本来の目的は、設定したKPIを活用して成果をあげること、それを継続する組織力を高めていくことです。本章では、KPIマネジメントおける運用ルールの整理・設定について説明します。

　図8・1では、本社の記述で想定している組織モデル（全社・事業部・部門）とKPIマネジメントにおける主要要素（戦略課題・成果KPIなど）を改めて整理しています。本章で述べるKPIマネジメントの運用ルールは、主に「事業部幹部と部門管理者がマネジメン

図8・1 各階層でのマネジメント対象の一般例（本書想定）

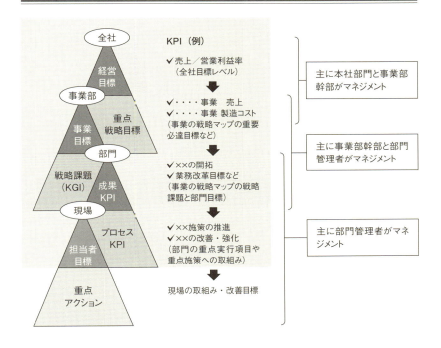

トしている階層における運用ルール」を中心に、一部「部門管理者がマネジメントしている階層の活動」も含めながら記述します。

共通するのは「現状の把握」と「将来の予測」

図8・2をご覧ください。KPIマネジメント運用の全体目的を整理しています。実際には各社の導入・活用目的が付加されると思いますが、一般的には記載の事項は共通しているのではないでしょうか。1つは、「目標・計画に対する現状の把握」です。その時点の状態を把握し、業務判断・経営判断を行うためです。そしてもう1つは「目標達成に向けた将来の予測」です。今後、業績・業務がどのように変化していくのかを把握し、業務判断・経営判断を行います。つまり、「計画に対して現状はどの程度できているか」「最終的

図8・2　KPIマネジメント　運用の全体目的（一般的な整理）

目標・計画に対する現状の把握
その時点での自社・事業部・部門の状態を把握し、業務判断・経営判断を行う
（計画に対して現状どの程度できているか？）

目標達成に向けた将来の予測
今後、自社・事業部・部門の業績・業務がどのように変化していくのかを把握し、業務判断・経営判断を行う
（最終的に目標が達成できるのか？）

目的達成のために・・・

状況把握・検討の場
どのタイミングで、誰が、なにを、どのように把握・判断するか？

把握・判断の方法・ルール
KPIの進捗・達成状況の表記・見える化のルール、そのために必要な仕組み・ツール

判断・調整のアクション
判断・部門間調整などのアクションの進め方の基本ルール

図8・3　KPIマネジメントの運用設計における主要検討・実施事項

- 準備作業（各社共通的な事項）
  - 指標の定義の確認・整理
  - データ取得方法の確認と代替案のKPIの検討
- 運用のプロセス・ルール（各社共通的な事項）
  - PDCAのプロセスと会議体（どのタイミングで・誰が・なにを　など）
  - 運用における主な役割・体制
  - 表記・見える化のルール
  - 見える化のための仕組み・ツール
  - 振り返りの場とその進め方
- 補足的検討事項（各社の状況による）
  - 情報開示・情報共有のルール
  - 調整事項・バッティング事項への対応方法
  - KPI・目標値の見直しのプロセス
  - 外部環境などの状況変化への対応
  - 個人の目標管理・評価制度などとの関係　　　など

に目標が達成できるのか」ということを認識して、タイムリーにさまざまな判断に活かしていくことが目的です。

その目的を達成するために、KPIマネジメントの運用として整理-設定すべきことは大きく次の3点です。それは、「状況把握や検討の場をどうするか」「把握・判断の方法・ルールをどうするか」「判断・調整のアクションの基本ルールをどうするか」です。

図8・3をご覧ください。上記の3点を踏まえてKPIマネジメントの運用設計における主要検討・実施事項を整理しています。長年コンサルティングに携わっている経験からいうと、各社共通的に発生する事項と、各社の状況によって検討する事項があり、分けて整理しています。以下、それぞれの内容を説明していきます。

準備作業1：指標の定義の確認・整理

まず、各社共通的に発生するのが、KPIマネジメントの運用開始にあたっての準備作業です。

1つめは、指標の定義の確認・整理です。ステップ2～5を中心に進めてきた戦略目標や部門のKPIの設定においては、いわば「このような指標が必要」という形の議論で整理を進めています。その中では、実はそれぞれの指標が明確に定義されていなかったり、部門間で指標の定義や算出方法などが異なるというケースが少なくありません。たとえば、在庫管理に関する各種の指標や、各種の在庫区分（仕掛品・完成品の区分やその管理責任の帰属）の定義内容にバラツキがあるのはよく見られるケースです。

したがって、とくに指標定義に齟齬が出そうなKPIを中心に、定義を行っていく作業が必要です。これは運用を開始する前に認識を合わせておくべきことです。「指標定義シート」という形で、主要指標を定義することが多いです。部門間の認識合わせが短期間で進まない場合は、一部の指標が「継続検討」という形になることもあります。

図8・4に、指標定義シートにおける設定項目の例を整理しました。これはあくまでも一般例であり、列挙したすべての項目の設定が必要なわけではありません。各社のKPIマネジメントの実施目的に応じて取捨選択してください。

　一方、目的によっては項目が追加されるケースもあります。たとえば、それぞれのKPIと事業・全社の戦略・課題との関係性を整理するために、「戦略カテゴリー・領域」や「当該KPIが影響する活動・施策」などの項目を指標定義の際に合わせて整理しているような場合もあります。

図8・4　指標の定義における設定項目例

指標定義シートにおける設定項目例
- 指標名称
- 指標の定義（定性）
- 指標を設定した目的
- 担当すべき組織
- 達成責任者
- 報告サイクル
- 報告先

- 算出算定式
- 表示単位
- 必要データ
- データ取得可否
- 要検討、整備事項
- 代替指標

準備作業2：
データ取得方法の確認と代替案のKPIの検討

　準備作業のもう1つは、図8・4の設定項目例にもあるとおり、各指標の「データ取得方法の確認」と「代替案のKPIの検討」です。指標は実務の中で把握できなければ意味がありません。また、把握に過度に手間・時間がかかる場合も同様です。必要な指標が洗い出された段階で、データの取得可能性とその方法という側面から確認・検証しておくことが必要です。

　中には、必要な指標ではあるが、現実的にはデータ取得が難しいものが出てきます。そのような場合には代替案を考えなければなりません。「その指標によってなにを把握・管理したかったのか」という目的に立ち返り、別の取得可能な指標で代替できないかを検討します。それが不可能な場合には、いったんその指標を用いた管理ができないという前提で、どのようにして状況把握と判断をするかを検討します。

　業務運用や情報システムの関係で、現時点ではデータの取得が難しくても、今後の業務改善やシステム整備によっては可能になるという指標もあるでしょう。その場合は、それらの業務改善やシステム整備のテーマや要望を整理しておきます。仕組み・システム整備の新たな取組みテーマなどが、このような中から生まれてきます。

運用のプロセス・ルール1：
PDCAのプロセスと会議体

　図8・5は、KPIマネジメントの運用プロセス・ルールを設計・導入していく際の一般的な流れです。

　まず最初に、運用方針やPDCAサイクルについて検討します（ステップ1）。これを受けて、運用に必要な仕組みやツールの設計・開発を行い（ステップ2）、最後に導入説明会を中心とした組織内

図8・5 運用プロセス・ルールの設計・導入の流れの例

	ステップ1	ステップ2	ステップ3
	運用方針の検討	**運用の仕組みの設計・開発**	**組織内コミュニケーション** → 運用開始
実施内容	1. 運用方針の検討 2. PDCAサイクルの設計	1. 必要な仕組みの設計 2. ツールの開発	1. 導入説明会の実施
主な論点	●指標管理の目的・位置づけ ✓指標管理の目的とは？ ✓誰がなにを、どのタイミングで評価・判断するためか ●PDCAサイクルの全体像設計 ✓いつ、誰が、どのようにKPIを設定するのか ✓どのようなタイミング・場で、なにを見てどのような基準で評価するのか ✓管理するのか、どのような基準で評価するのか ✓評価後の施策の決定、フォロー方法とは ●誰がKPI運用の全体をとりまとめ、管理するのか ●部門評価や個人の目標管理などの既存制度との関係性の整理 ●運用方針に沿って、先に検討したKPIの定義、取得方法の最終確認	●仕組みの設計 ✓指標の責任者、管理体制の設計 ✓報告・評価の会議体の定義 ✓表記・見える化の運用ルールの策定 ●ツールの開発 ✓KPI設定シート ✓報告用ツール ✓KPI評価シート	●導入説明会の設計、実施 ✓KPI手法を習得していない管理職層、担当者層に対しての説明と教育

166

図8・6 KPIマネジメント運用のための会議体の設計

　コミュニケーションを進めます（ステップ3）。組織内コミュニケーションについては、KPIの理解・浸透のためのプログラム例として、いくつかの企業での実施内容などを第10章でご紹介します。

　以上の流れを想定しながら、図8・3にあげている各社共通的な事項ついて項目ごとにポイントを説明します。

　最初は、PDCAのプロセスと会議体についてです。「どのタイミングで」「だれが」「なにを」など、KPIを活用したPDCAのプロセスを決め、会議体などの場を設計します。

　図8・6をご覧ください。会議体の設計における検討・整理事項の一般例をあげています。対象階層は各社の組織体系によりますが、本書の想定モデルでは事業部・部門・部門間の階層・対象における運用設計が中心になります。

　検討・整理事項は各社のマネジメントスタイルによって異なる面もあるでしょうから、1つの参考例としてください。実施時期・頻度なども、事業運営の方法や管理の必要性によって異なってきます。

　あくまでも一般的な整理ですが、事業部レベルの会議体（たとえば月次を想定）では、次のような項目が報告・討議事項として考えられます。

・当該期間の実績
・半期・年度などの目標に対しての着地見込み
・未達が想定される事項の要因と対応策
・担当役員・本社部門などの判断・支援が必要な事項
・他部門との調整が必要な事項

　部門間での会議体も四半期や半期などで設定されるケースが多いようです。そこでは次のような項目が報告・討議事項として考えら

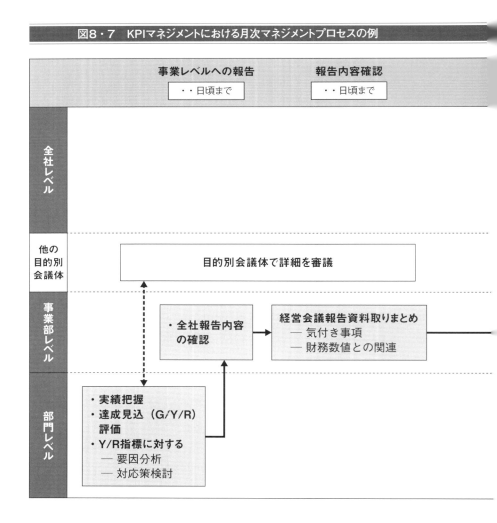

図8・7　KPIマネジメントにおける月次マネジメントプロセスの例

れます。
・継続検討事項・部門間取組みテーマなどの進捗と課題への対応策
・追加で連携が必要な事項の認識共有と進め方

　実際の会議体設計の場面では、現状の管理サイクルと会議体における課題を整理するところから進める方法をとります。現状の悪い点を認識したうえで、KPIマネジメントを導入するタイミングで合わせて改善していく形をとるのが実務的な行い方です。

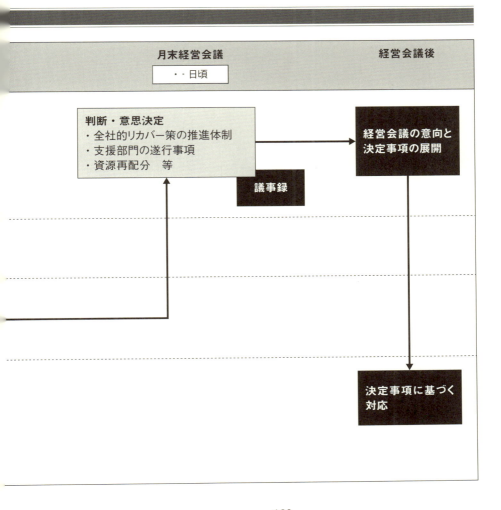

現在の管理サイクルにおいて、「どのタイミングで」「なにを」「誰が」「なんのために」「どのように」を再度整理していくのです。会議で活用している資料の作成方法や必要性などの課題もそこで明らかになってくるケースが多いです。

　現状の課題認識を踏まえて新しいPDCAサイクルの素案を策定し、その妥当性を事業部幹部や部門管理者への意見収集も行いながら設計していく形が理想的です。

　図8・7は、KPIマネジメントにおける月次マネジメントプロセスの例です。これも各社の実状によって、スケジュールの面などが異なってきますが、1つの標準的な流れと考えてください。事業部レベルへの権限移譲の度合いが強い組織運営形態をとっているには、判断・意思決定事項も多くは事業部レベルで行われる流れになるでしょう。

運用のプロセス・ルール2：主な役割・体制

　KPIマネジメントの運用における主な役割・体制なども整理しておく必要があります。過度に設定しすぎると、柔軟な対応や部門間の連携などが阻害されてしまう可能性もありますが、KPIを活用したマネジメントを円滑に進めるうえでは、各部門や部門管理者の役割などの概要を決めておくとよいでしょう。「各部門や階層の管理がやりにくくならないか」「部門間での共有・連携などが阻害されないようにする」という観点が大切です。

　KPIマネジメント特有の工夫・進め方としては、KPIとして設定した各指標に対して各部門が担う役割や責任などを設定していく方法が参考になります。役割・責任のカテゴリーはさまざまですが、たとえば「指標達成のオーナー部門」「共同責任部門」「支援・貢献部門」などのカテゴリーを設けて設定している例などがあります。

　とくに戦略目標や部門の成果KPIに対しては、上記のように各指標に対する役割・責任を整理しておくことが有効です。部門間で連

携して取り組むような指標やテーマについても各部門の役割・責任を整理しておくことをお勧めします。

部門のプロセスKPIレベルになると、おおむね部門内の担当者が自明であり、対象のKPIの数も相応にあるので、1つひとつに対して役割を設定する必要はないかもしれません。

運用のプロセス・ルール3：表記・見える化のルール

次に、KPIの表記・見える化のルールです。KPIマネジメントを効果的・効率的に行うために、またKPIの本質である「見える化」を進めるために、KPIの達成度（主に戦略課題のKGIや成果KPI）や進捗・実行度（主にプロセスKPI）を表記・見える化するルールを設定します。

達成度や進捗度などの表記のルールは、各社で異なります。管理目的、目標達成の状況（達成度合いなどの傾向）、そして、見える化によってなにを明らかにしていきたいかなどから基準や表記方法を検討していってください。

図8・8と図8・9に、KPIの達成・進捗評価の表記ルール例を示します。B社の例では、達成見込みに対して「微妙〜可能」「不可能〜微妙」とするなど、定性的な基準で判断しています。一見、指標でのマネジメントを推し進めるという主旨からは反しているようにも見えますが、決してそうではありません。判断のベースはあくまでも各KPIに対しての実績をもとにしています。一方、達成見込みは、定量的な側面だけで見るのではなく、諸状況・諸要因を加味した、「実感値」として判定する形を取っています。ある意味その方が、現場や各部門の見立てが実状ベースで表れやすいともいえます。少なくともB社で表記ルールを検討した際には、こうした討議の末に図のような表記ルールを基本方針としました。

図にあるような表記ルールをとる場合、Y（黄）やR（赤）の項

図8・8　KPIの達成・進捗評価の表記ルール例①

● A社の例：部門の成果KPIとプロセスKPIに対して

成果KPI	プロセスKPI
4半期ごとに通期の達成見込みを判断 （月次での更新も可） G（緑）：目標に対して100％以上 Y（黄）：目標に対して90％以上 R（赤）：目標に対して90％以下	毎月／4半期ごとに実行度合いを判断 G（緑）：目標達成 Y（黄）：目標に対して90％達成 R（赤）：目標に対して90％以下

● B社の例：部門の成果KPIとプロセスKPIに対して

		目標値／管理値	実績			
			1月	2月	3月	1Q見込み
成果KPI	売上（円）	・・・円	・・	・・		Y
	売上（KL）	・・・KL	・・	・・		G
プロセスKPI	・・・	・・	・・	・・		G
	・・・	・・	・・	・・		R
	・・・	・・	・・	・・		G
	・・・	・・	・・	・・		R

見込みの G/Y/R判断	今月の状況	四半期目標達成見込み
GREEN	達成中	可能〜確実
YELLOW	達成中	微妙〜可能
	未達	
RED	未達	不可能〜微妙

図8・9　KPIの達成・進捗評価の表記ルール例②

● C社の例：事業の戦略課題のKGIと部門の成果KPIに対して

**期首からの累積実績をもとに、
目標対象期間（半期・年度）の最終目標の達成見込みを評価**

評価	評価基準
GREEN	期首からの累積目標を達成できており、最終の目標値が目標達成できる可能性が高い状態
YELLOW	目標未達であるが、未達の度合いは小さく、最終目標達成の向けての挽回が可能である状態
RED	目標未達であり、アクションプランの見直しを行わなければ最終目標の達成が困難である状態 （累積目標は達成しているが、最終目標未達の可能性が高まっている状況含む）

目についてはなにかしらの報告や対応策の検討・共有を行うプロセスにすることが多いです。報告内容やフォーマットはさまざまですが、実績値とともに「Y／R判断となった主な理由・要因」「主な対応策／前回報告からの対応策の進捗」「審議・相談事項（あれば）」などの項目を各指標の責任者が報告するような形が多いです。しかしこれも、過度に形式的な運用になることは避けるべきです。報告の対象とする指標を絞るなどして、対応策の検討・共有を重要性の高いいくつかのテーマや指標に絞るなどの工夫も場合によっては必要です。

運用のプロセス・ルール4：見える化のための仕組み・ツール

次に、見える化のための仕組み・ツールです。設定したKPIの達成・進捗状況などを、先に説明した一定の表記ルールにのっとって、見える化・共有化していくためのツールです。見える化のシステムツールを導入することは必須ではありませんが、多くの企業が導入しているのも事実です。その効果としては、以下の事項があげられます。

○活動そのものを効率化・簡便化

KPI運用の活動そのものを効率化・簡便化するという点です。取組みの目的や企業規模にもよりますが、KPI自体がかなりの数にのぼるケースもあります。もちろん各階層で管理するKPIを特定するので、全員がすべてを見る必要はありませんが、全体を1つのツール・システムで扱うことで、KPIの設定・更新、達成・実行状況の確認などを簡便に行えるようになるというメリットがあります。また、システムの機能によっては、KPIに基づく上司・部下間のコミュニケーション（アクションの指示・返信、状況確認など）にも役立ちます。

○見える化で活動を盛りあげる

　見える化によって、KPIマネジメントの活動全体を組織的に盛りあげていくという効果があります。達成・進捗状況を見える化することで、他部門の取組み状況が共有化され、相互の刺激になります。また、部門内・部門間で対応すべき事項などが従来以上にタイムリーに認識されるという効果もあります。

　パッケージソフトの活用を含めて、見える化の方法・手段はさまざまです。導入初期のステップではあまり過度なシステム・仕組みにはせずに、自社のKPIマネジメントにはどのような管理ツールが適しているかを見極めるステップを置いた方がよいように思います。

　運用におけるマネジメント業務を想定した場合に、どのような機能があるとよいか、また、それらの機能を本当に自社の部門管理者や部門メンバーは活用するかどうかという点を判断した上で本格的なシステムツールを導入しても遅くはありません。

運用のプロセス・ルール5：振返りの場とその進め方

　最後は、振返りの場とその進め方についてです。月次などのマネジメントプロセスとは別に、半期や年度のサイクルで、KPIマジメントの活動の振返りやKPIそのものの見直し・ブラッシュアップを行う活動です。

　KPIマネジメントを形骸化させないために非常に重要な要素です。その進め方を運用の開始時点で検討・設定しておきます。振返り活動をどのように進めるべきかやその取組み例などについては、第10章において改めて記述します。

補足的検討事項

　本章の最後に、各社の状況によって検討される事項をいくつか順

不同で記述します（図8・3）。

○**情報開示・情報共有のルール**

　各事業・部門のKPIについての情報開示や情報共有のルールについてです。基本的には積極的にKPIの達成状況・実行状況を共有する方針での対応を取る企業が多くなっています。

　次のような目的・効果をねらって、情報共有・開示を行っている企業が多いようです。

・取組みに対しての意識の向上：KPIマネジメントに対しての認知・参画意識や、自部門・他部門の業務状況を知ることによる意識の向上

・活動と目標の関連性の認識：現場での活動の自部門の目標との関連性を認識・意識することで、改善の取組み推進と成果向上を促進

・客観的な視点：自部門だけでなく、他部門の達成状況・遂行状況を認識することで、より客観的な視点で自部門の業務を認識し、他部門などからの客観的なフィードバックを得る

・部門間連携の促進：連携が必要なテーマに対して、部門間の認識共有のタイムリー性向上と自発的な活動の促進

　KPIマネジメントに取り組む背景として、従来は情報共有や開示を積極的に行ってこなかったという企業も多いようです。こうした企業では、情報共有と開示をルールとして定めておかないと、知らず知らずのうちに「非開示・非共有」の方向になってしまいます。そのような企業では、運用ルールの設定において、情報共有・開示のルール化をしっかりと進めるようにしてください。

　しかし一方で、機密性が高い情報についての情報管理の論点もあります。リスク管理の面から、共有・開示する情報やタイミングに一定の制限を設けるものです。公開企業における公開前の情報、特許関連の情報、取引関連の情報、個人情報保護法などの法令に抵触する情報などがそれにあたります。

　これらについては、情報共有・開示の制約条件ごとに情報のカテ

ゴリーを設け、共有・開示のルールに盛り込むなどの対応をとっています。

○調整事項・相対立する事項への対応方法

　各部門の活動を進める中で、相対立する構造であったり、トレードオフの関係になるケースがあります。たとえば、販売促進関連の費用を抑制する立場からのKPIと、新規顧客開拓などの成果を高める立場からのKPIが各部門で設定されているようなケースです。

　対立する構造自体を避ける必要はありません。第一義的には、各部門のKPIを達成するための活動をしっかりと進めるということで問題ありません。しかし、取組みが具体化してくると、各部門の立場から見ると相対立する関係になりうることが想定されます。

　こうした場合、判断としてどうするかはその時点での戦略的な優先事項など、ケースバイケースです。判断自体を定量的な基準やロジックでルール化できればいいですが、それが可能ならばそもそもKPI設定において対応できているはずです。最終的には基準・ロジックではカバーしきれない調整・判断事項が残ってしまうと思われます。

　KPIマネジメントの運用プロセスの面からは、調整・判断を仰ぐプロセス・場と、その推進ルールなどを定めておくことになります。あらかじめ予想されるテーマを想定しておき、調整を行う場や調整・判断の進め方などを事前に整理して各関係者に周知しておくとよいでしょう。

○KPI・目標値の見直しのプロセス

　期中にKPIそのものや目標値の水準などの見直しが必要になった場合の対応プロセスやルールについてです。「業務遂行状況や目標に対しての成果の進捗などから見直しが必要となるケース」「外部環境要因などによって目標値の変更を余儀なくされるようなケース」「そもそも期初に検討・設定したKPIの指標そのものが適切ではないと判断したケース」などです。

　図8・10は、KPI・目標値の見直しプロセスの例です。実際は各

図8・10 KPI・目標値の見直しプロセスの一般例

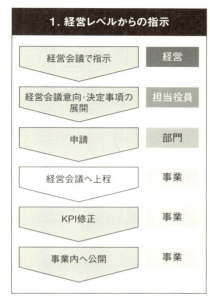
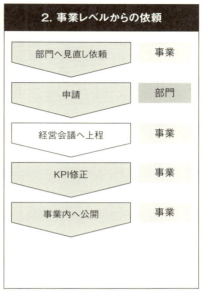

社の経営管理の特徴を踏まえながら、各社にあったプロセス・ルールを設定していきます。見直しのプロセスとしては、大きくは「経営レベルからの指示で見直しが行われるケース」と「事業部や部門からの依頼・発意によって見直しが行われるケース」に大別されるでしょう。

ある事業部の見直しが、他事業部のKPIに影響する可能性がある場合には、経営企画などの本社部門との確認・調整を経て見直しをします。各社の事業構成や事業間の影響性なども勘案して、KPIや目標値の水準の見直しプロセスを検討しておくことも必要です。

○**外部環境などの状況変化への対応**

KPIの目標値の見直しと関連して、外部環境などの状況が著しく変化した場合の対応を運用プロセス・ルールに含めているケースもあります。こうした場合には、運用プロセス・ルールの検討とともに、主要なKPIに影響を与える外部環境要因と、その状況や変化の

予兆を認識するための情報を事前に整理しておき、適時に状況把握しておくなどの対応が必要です。

　また、実際に目標値の上方・下方修正があった場合に、影響を受けるKPIや見直すべき事項も事前に想定しておき、その状況になった際に速やかに対応できるようにしておくことも必要です。たとえば、目標値の見直しによって影響を受ける業務スケジュールの見直し、経営資源配分の見直し、投資や戦略費用の投入計画の見直しなどがこれにあたります。

○個人の目標管理・評価制度などとの関係

　最後に、KPIマネジメントの運用と関連がある他の組織運営制度や仕組みとの関係も整理しておく必要があります。代表的なものとしては、第6章のアクションプランの設定においても述べた、個人の目標管理や人事評価制度などとの関係です。この場合には、業務プロセスとして、KPIの運用プロセス（情報収集・表示・評価）と個人の目標管理のプロセスとの流れを整理しておくことが必要です。また、KPIの達成度・実行度と個人の目標管理の評価への反映方法・ロジックなどについてのルール整備も必要です。

　人事評価制度に関連する事項としては、KPIによる部門の達成度・実行度を部門を対象とする業績評価制度（部門業績賞与制度など）とリンクさせて設計しているようなケースも見られます。その場合も同様のルールの整備が必要となります。

　個人の目標管理以外の制度では、予算策定・予算管理の制度、戦略投資・費用の配分・申請・実行に関する制度などもKPIマネジメントの運用プロセス・ルールとの関係が生じることが多いでしょう。

第9章

〈ステップ9〉
コーポレート部門で対応すべき事項の整理

　各事業での戦略課題の検討やKPI設定を進めていくと、事業部だけで解決するのが難しい事項や、コーポレート部門がリードして進めるべき事項が出てきます。それらをしっかりと拾いあげ、必要性や優先順位の検討をして、コーポレート部門が推進する取組みテーマとして設定していきます。

〈ステップ9〉
コーポレート部門で対応すべき事項の整理

内容
◎各事業の検討内容から全社施策のネタを整理
◎コーポレート部門の取組みテーマとして
　テーマのKPIを設定

主な推進者
経営企画＋コーポレート各部門

全社的な視点・全社最適化の視点

　これまでの章では、主に事業部、事業部内の各部門の立場から、戦略課題の整理とKPIの設定・運用についてみてきました。本章では、その過程において、コーポレート・本社部門の立場から、対応すべき事項の抽出・整理について説明します。全社的な視点、全社最適化の面からは大切な工程と捉えてください。
　図9・1をご覧ください。順不同ではありますが、コーポレート部門で対応すべき事項の観点・カテゴリー例を列挙しています。これ以外の事項もあると思いますが、大切なのは、事業の目標・戦略課題の整理や部門のKPIを設定していく過程で、事業部だけで解決することが難しい事項や、コーポレート部門がリードして進めるべき事項を認識し、具体的な取組みテーマとしていくことです。
　図9・1の「事業部からの対応要望事項」「部門間連携での取組

図9・1　コーポレート部門で対応すべき事項の観点・カテゴリー例

- 事業部からの対応要望事項
- 部門間連携での取組みテーマ
- 制度・仕組みづくりが必要な事項
- 人材強化・経営インフラなどの整備
- 全社視点での業務改革・最適化
- 全社のコアの強みの特定・強化
- 新規事業への取組み・アライアンス戦略の企画／推進
- 事業間シナジー発揮のための取組み
- 経営理念・全社経営方針などの徹底・浸透　　　　　　など

みテーマ」「制度・仕組みづくりが必要な事項」「人材強化・経営インフラなどの整備」については、第5章の「取組みテーマの検討」でも同様の視点を説明しました。事業部の戦略課題や部門のKPIを検討していく中でトスアップされてくることが多いテーマだと言えます。

　部門間連携で取り組むテーマについては、関連部門間で問題なく進めることができる場合は、コーポレート部門が絡む必要はありません。一方、部門間だけでは調整が進みにくかったり、コーポレート部門の調整や基本方針の決定が必要な場合には、コーポレート部門が積極的に関与していくことが必要です。

　図中の「人材強化・経営インフラの整備」については、第2章の図2・8で紹介した「学習と成長の視点」からの戦略課題抽出の検討ポイントを参考にしてください。第2章では事業部での戦略課題の整理の視点として紹介しましたが、これを全社的な視点から戦略課題・取組みテーマの有無を考える観点としてみるとよいでしょう。

（再掲載）図2・8　学習と成長の視点 ―検討のポイント

人材	組織	ナレッジ	組織風土	経営の仕組み	アライアンス	その他
人材育成 ・経営幹部 ・社員研修 **スキル開発** ・研究開発 ・海外事業 ・営業 ・生産技術 **人事制度** ・採用 ・配置 ・評価 ・処遇 など	**組織・管理体制** ・グループ経営 ・事業単位 ・地域統括 ・アウトソーシングの活用 ・持株会社制 **資本構成** ・IPO ・MBO ・被買収対策 **拠点戦略** ・拠点再編 ・海外進出	**戦略的知識の保有** ・知的財産／特許 ・研究開発力 ・技術開発力 ・顧客情報 ・市場分析情報 ・製造ノウハウ ・営業ノウハウ **知識の共有と活用** ・商品知識 ・現場改善ノウハウ ・顧客折衝履歴 など	**自己改善の組織風土** ・ビジョンの浸透 ・戦略の浸透 ・継続的改善 ・目標必達 ・QCサークル ・ダイバシティ ・フラット組織 ・360度評価	**経営管理制度** ・業績評価基準 ・PDCAの仕組み **管理会計制度** ・管理セグメント ・処遇との連動 **システム・インフラ** ・基幹システム ・各種データベース ・情報共有インフラ ・生産性向上ツール	目的に応じたアライアンス・パートナーシップ 【目的】 ・技術力の取込み ・販路の拡大 ・海外拠点 ・顧客資産の獲得 ・スケールメリットの獲得 ・商材の拡充 ・サポート体制強化 など 【手段】 ・資本提携 ・業務提携 ・M&A など	その他 ・リスクマネジメント ・コンプライアンス ・内部統制 ・CSR ・環境対応

3つの視点を支え、継続的に競争力を維持・向上していくためには、組織・人材・経営基盤などにおいて、なにを改革・改善する必要があるか？を考える

学習と成長

（再掲載）図2・7　内部プロセスの視点 ――検討のポイント

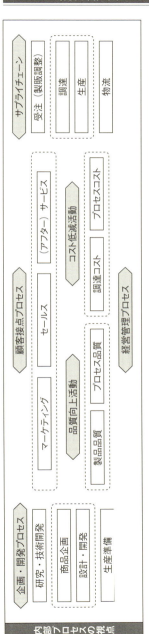

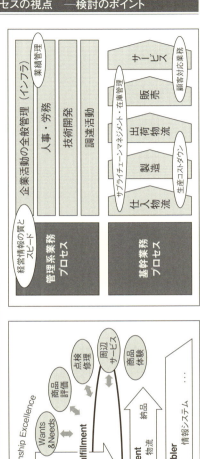

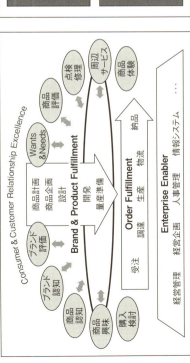

どの業務・プロセスで、どのような改革・改善を行えば、財務の視点・顧客の視点の目標が達成されるか？
もしくは どの業務・プロセス・部門・機能に対してどのような改革・改善を行えばさらに競争力が高まるか？ を考える

コーポレート部門がリードしてテーマ化していく

　図9・1の「全社視点での業務改革・最適化」「全社のコアの強みの特定・強化」「新規事業への取組み・アライアンス戦略の企画／推進」「事業間シナジー発揮のための取組み」「経営理念・全社経営方針などの徹底・浸透」などは、事業部門からの要望やトスアップで認識できるというよりも、戦略課題の検討過程や内容などを見ながら、コーポレート部門が課題を認識・特定し、テーマ化していくケースが多いでしょう。

　全社視点での業務改革・最適化については、第2章の図2・7で紹介した「内部プロセスの視点」から戦略課題の抽出の検討ポイントを参考にしてください。事業横断・全社の視点から、業務改革やオペレーション最適化の戦略課題・取組みテーマの有無を考えていきます。

　上記であげたようなテーマをうまく認識・設定できるかは、事業部・部門での検討過程にコーポレート部門がどのような関与・連携の仕方をするかによっても変わってきます。各社それぞれにおけるコーポレート部門の役割・立ち位置によっても変わります。これが正解というものはありませんが、どのような関与・連携の仕方をするのがよいかを検討していくことが大切です。事業部から課題・テーマのトスアップを受ける・引き出すという観点、コーポレート部門として課題・テーマを認識・具体化するという観点の双方からの検討です。

コーポレート部門として取り組むべき事項の例

　図9・2は、ある事例企業において、各事業部の戦略課題・部門KPIの設定を進める一方で、コーポレートの経営企画部が対応すべき事項を整理した例です。この場合には、各事業部の戦略課題の整理を進める工程に本社部門も参画し、事業部の課題認識や要望など

図9・2　経営レベルでの取組みテーマの抽出・設定例

全社戦略マップでの課題領域	取組みテーマ
人材の採用・育成	全社対象のキャリア育成プログラムの策定
	海外事業展開を視野に入れた人材育成の仕組み構築 　○海外で通用する人材の育成 　○海外勤務を指向しやすくなる制度の整備
	人事評価基準の見直し、評価の明確化 　○各業務の貢献度合いが見えるような仕組み
	適正な人員・業務体制の考え方の整理 　○目標利益率の達成構造 　○業務量とのバランス
差別化要素の強化	新規ターゲット顧客に対するマーケティング活動の新規企画
	グループトータルでの差別化戦略検討
	トータルコストを下げるための施策と仕組みの検討 　○グローバルでの調達先の多様化 　○事業状況に応じた柔軟なコストマネジメント
組織運営	グループ会社間の機能・役割分担の明確化・文書化 　○・・・社の担当役割の明確化 　○・・・社に対するガバナンスのあり方 　○製造子会社との役割分担、責任所在の整理
	（機能・役割の明確化の後） 業務フローの見直しとグループでの業務管理標準の策定
	コンプライアンス対応力強化のためのグローバルでの業務改善領域の特定

を把握する進め方をとりました。

　その最後の工程で、コーポレート部門として取り組むべき事項の候補を整理し、取組みの重要性と難易度の観点から優先順位を検討しました。実行することになった取組みテーマについては、それぞ

れ取組みテーマの成果KPIなどを設定していきました。

全社の戦略マップを作成する

　コーポレート部門が対応すべき事項の整理を行う際に有効な手法の１つとしてお勧めしたいのが、「全社の戦略マップ」を作成することです。それにより、全社的な視点からの重要戦略課題の整理と可視化が進めやすくなり、コーポレート部門と事業部との間での課題認識の共有も高まります。

　全社の戦略マップの作成タイミングはケースバイケースです。ボトムアップ的なアプローチを重視する場合は、まず事業部での戦略課題やKPIの設定を進めたうえで、そこで認識した事項を含めて全社の戦略マップを作成するという形がよいでしょう。

　一方、トップダウン的なアプローチから検討する場合には、本書において事業部の戦略マップの整理の進め方として記述しているのと同様に、

①全社戦略マップの第1版を作成（トップダウンの視点）
②各事業部での戦略課題などの検討
③②での認識事項を踏まえた全社戦略マップの最終化（ボトムアップの視点との融合）

という流れで進める形がよいでしょう。

　全社戦略マップで戦略課題を検討する際には、事業部における検討と同様に、バランスト・スコアカードの４つの視点が参考になります。第２章で説明した４つの視点それぞれの検討ポイントを参照してください。

　これはあくまでも参考ですが、全社の戦略マップでは、それぞれの視点において下記のような観点での戦略課題の整理が行われることが多いようです。

〇財務の視点
　事業別の必達財務目標、主要な成長事業分野・新規取組み分野と

目標、主要な利益性向上分野と目標、主要な効率性向上分野と目標、全社での経営効率向上テーマと目標など
○顧客の視点

　事業横断での顧客への新たな価値提供の強化、事業横断での顧客管理・顧客情報活用の強化、コーポレートブランドや企業認知度強化のための目標と課題　など
○内部プロセスの視点

　事業横断で関係する基幹業務プロセス・システムの改革テーマ（物流・調達・顧客サービスなど）、事業共通の支援業務・機能・システムの改革テーマ（経営管理・会計・人事関連など）　など
○学習と成長の視点

　事業横断での人材強化テーマ、経営の仕組み・組織基盤の整備テーマ、全社的な組織風土の改革や組織活性化課題、全社でのナレッジ・ノウハウ・知的財産管理のあり方、リスクマネジメント・コンプラアイアンスなどの全社的な重要対応事項、事業間シナジー創出の取組み、外部アライアンス強化のあり方　など

　上記のうち、財務の視点については、全社の経営目標の事業別展開という要素が強くなるので、コーポレート部門で対応すべき取組みテーマの抽出という面では、「学習と成長の視点」「内部プロセスの視点」「顧客の視点」からの抽出が中心になるケースが多いようです。

第10章

〈ステップ10〉
KPIで
PDCAを回す

　本章では、KPI設定を終えたあとの日常のPDCAにおけるKPIの活用について述べます。KPIの設定は、いわばPDCAの「P」ですので、「DCA」の部分です。

　KPIを活用したPDCAの望ましい姿とともに、組織内にKPIマネジメントをうまく理解・浸透させていくための実務的な対応について紹介します。

〈ステップ10〉
KPIでPDCAを回す

内容

◎KPIを活用したP「DCA」
（部門内、部門間、事業部レベル）
◎見える化とコミュニケーション、
定期的な振返り

主な推進者

部門管理者＋部門メンバー

3つの基本ツール

　ここまでは、KPIの設定を中心に説明してきました。また第8章では、KPIマネジメント運用ルールの設定について説明しました。しかし、実際に良い成果・効果を産み出していくためには、KPIの設定や運用ルールの設定を行うだけでは不十分です。日常の業務活動の中でKPIを活用していくことが必要です。本章では、KPIの活用、すなわち「KPIでPDCAを回す」に焦点をあてて、そこでのポイントを説明します。

　図10・1をご覧ください。弊社においてKPIマネジメントの考え方を導入する際の3つの基本ツールと呼んでいるものです。各社において構成内容や呼び名は異なりますが、エッセンスはおおむね共通しています。

　それぞれのツール・要素については、既にこれまでの章で説明しています。戦略マップとKPIについては、第1章～第9章で手順に

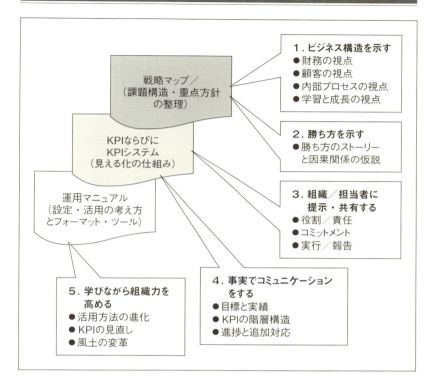

図10・1　KPIマネジメントのための3つの基本ツール

沿って説明しました。運用ルールとして盛り込むべき事項や見える化のためのルールや仕組みについては第8章で記述しました。それぞれのツール・要素がどのような役割を果たしているかについても各章で記述しています。

運用マニュアル（ガイド）を活用する

　ここでは、運用マニュアル（運用ガイド）について補足します。運用マニュアルは、KPIマネジメントを進める上で必要となる、KPIの設定・活用の考え方や持つべき視点、運用ルールなどを整理したものです。主に以下の目的から作成されます。

- KPIマネジメントの目的・狙いや重視する考え方を伝える、認識を合わせる
- KPIを設定・活用する際のポイントや留意点などを学ぶ、復習する
- KPIマネジメントの運用ルールを伝える
- KPIマネジメントで用いるツール・フォーマットとその使い方を伝える
- 他部門・他社での取組み例などを紹介する、共有する

など

新しい取組みとしてKPIマネジメントの導入を進める際に、できるだけ効果的かつ効率的に組織内に浸透させるには、運用マニュア

図10・2 KPIマネジメント 運用マニュアル（ガイド）の目次例 その1

- ●KPIマネジメントの概要と考え方
- ●KPI設定のための手順と重要ポイント
    - ― 基本手順
    - ― 準備作業
    - ― 目標を設定する対象の検討方法
    - ― 目標指標（成果指標）を考える際の視点・ヒント
    - ― 管理指標（プロセス指標）の設定方法
    - ― 重要成功要因・管理指標を検討する際の視点・ヒント
- ●KPIの活用における重要ポイント
    - ― 望ましい活用の姿
    - ― 活用における役割・体制
    - ― KPIマネジメント運用ルール
        （月次プロセス・会議体・表記・見える化・情報共有など）
    - ― 振返り活動の進め方・分析例
- ●KPIフォーマットについて
    - ― これまでのマネジメント資料との主な変更点
    - ― 主要項目の考え方と記載内容
    - ― 記載例（良い例・悪い例）

ルを策定することをお勧めしています。何年もかけて取組みを進めていくので、ツールや運用ルールの改定も必ず発生します。その管理・更新の面からも、ベースとなるマニュアル・ガイド的なものがあった方がよいと考えます。

　図10・2と図10・3に事例企業における運用マニュアル（ガイド）の目次を２点紹介しています。いずれも構成の考え方などに大きな差異はありません。「その１」は、新しくKPIマネジメントに取り組むタイミングで運用マニュアルを作成したケースです。そのため、KPIの設定における手順や重要ポイント、活用における重要ポイントなどに主なフォーカスがあたっています。「その２」は、

図10・3　KPIマネジメント　運用マニュアル（ガイド）の目次例　その２

I. KPI設定の進め方と重要視点

- KPI設定の一般的な手順
- KPI設定の準備作業
- KPIを設定する対象の検討方法

- 成果KPIの設定
- 成果KPIを考える際の視点・ヒント
- 成果KPIの目標達成水準をチェックポイント

- プロセスKPIの設定
- プロセスKPIを設定する際の視点例
- KPIの部門内展開
- KPI設定のチェックリスト

（補）
- KPIマネジメントのためのシステムツールと活用法

II. KPI活用（定着・浸透）の進め方と重要視点

- KPIを活用したマネジメントの考え方
  ○上位のKPIを共有する
  ○KPIでPDCAを回す
  ○課題解決のためにKPIを活用する
  ○KPIでタテ・ヨコのコミュニケーションを強化する　　　　　　　　など

- KPIマネジメントの振返り活動
  ○KPIの活用状況の確認
  ○KPIの見直しの進め方・チェックポイント
  ○次年度の計画策定に活かす
  ○自部門の課題、他部門への依頼を整理する　　　　　　　　　　など

- KPIの活用方法をレベルアップしていく

- 良い例から学ぶ
  ○他社での取組み好事例
  ○当社他部門での取組み好事例

KPIマネジメントの導入を3年間進めた段階で、運用マニュアルを作成したケースです。当初の3年間でも各種の説明資料は整備されていましたが、外部コンサルティングの支援を終えるタイミングで、以降において継続的にKPIマネジメントを推進するためのガイドとして作成しました。したがって、KPI設定の側面に加えて、KPI活用（定着・浸透）の進め方にもフォーカスがあたっています。それまでに進めてきた推進ノウハウや陥りがちな課題などの情報も取り込んで作成されました。

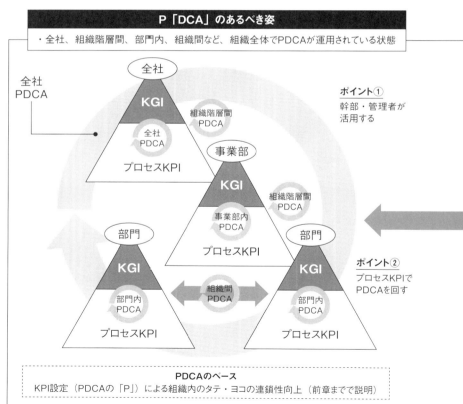

図10・4　KPIでPDCAを回す　望ましい姿の全体イメージ

KPIでPDCAを回す

次に、本章の主テーマである、KPIを活用した日常のマネジメント、「KPIでPDCAを回す」についてです。

図10・4をご覧ください。全社・事業部・部門での戦略課題とKPIの設定を行うことで、「P」の段階での組織内のタテ・ヨコの連鎖性は高まっている状態にあります。したがって、「DCA」のあるべき姿とは、当然ではありますが、全社・組織階層間・部門内・組織間など、組織全体でPDCAが回っている状態です。概念的ではあ

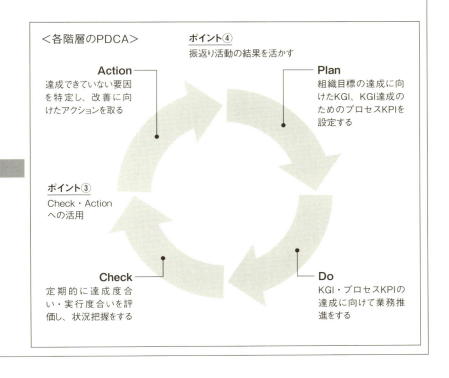

りますが、図10・4にある各階層のPDCAがKPIを活用して行われている状態です。

　一方で、KPIを設定したものの、日常のマネジメントにあまり活用されず形骸化してしまっているという状況もよく耳にします。ここでは、そのような形骸化状態を避け、KPIを活用して成果をあげるためのマネジメント行動を継続的に行い、組織力の向上につなげていくためのポイントについて紹介します。

成果をあげ続けるための4つのポイント

①KPIを幹部・管理職が率先して活用する

　図10・5をご覧ください。全社のそれぞれの階層で、経営幹部・事業部幹部・部門管理者などがKPIを活用することが大切です。組織のリーダーや管理者が活用しないのにKPIが勝手に浸透することはありません。PDCAの活動にKPIを用いるということもそうですが、図10・5の発言や行動の例にあるように、普段の活動やコミュニケーションの中でKPIを用いていくことが大切です。

②プロセスKPIでPDCAを回す

　部門レベルなど、目標やKGI達成のためのプロセスKPIを設定している階層に必要なポイントです。

　図10・6をご覧ください。KGIとプロセスKPIの関係にあるとおり、目標・成果を達成するための重要成功要因・重要業務・重要施策から「プロセスKPI」は設定されています。したがって、目標達成のためには、KGIの達成見込みと同等もしくはそれ以上に、プロセスKPIに基づいて業務の実行管理・進捗管理を行うことが重要です。この「成果をあげるためにプロセスを管理する」という考え方は、KPIマネジメントを進める上で非常に大切です。

図10・5 ポイント① KPIを幹部・管理職が活用する

幹部・管理職が率先して、日常のマネジメントにKPIを活用し、部門内浸透させることが重要

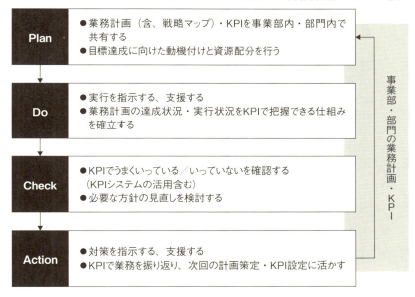

幹部・管理職の発言・行動はKPIマネジメントの浸透に重要な影響を与える。KPIを活用したマネジメントの浸透を念頭に置いた発言・行動をすることが大切

発言（例）
●「KPI」という言葉を積極的に用いる 「KPIの達成状況はどうか?」 「KPI・アクションプランは予定どおりに実行できているか?」 「KPIではどうなっているか?」「KPIを見直すべきでは?」 ●KPIで設定・記述した内容を積極的に用いる 「成果KPI・・の達成のためには・・を進め、」 「プロセスKPIの・・を実行することによって・・」

行動（例）
●部会・課会などの日常の会議・打合わせで、業務計画やKPIの実行状況・達成状況の確認と対策検討を行う ●個人の目標管理シートにおいて、業務計画・KPIとのつながりを意識した記入を促進する ●KPIシステムでKPIの進捗状況・実行状況を自ら確認し、疑問点や指示を伝える ●KPIシステムの活用を部門メンバーに指示する

図10・6 ポイント② プロセスKPIでPDCAを回す（「成果をあげるためにプロセスを管理する」）

目標達成のためには、KGIの達成見込みと同等もしくはそれ以上に、プロセスKPIに基づいて業務の実行管理・進捗管理を行うことが重要

＜KGIとプロセスKPIの関係＞

＜プロセスKPIでPDCAを回す＞

Plan
　KGIを達成するためのプロセスKPIの設定
Do
　設定されたプロセスKPI達成のためのアクション実行
Check
　プロセスKPIの達成状況確認およびプロセスKPIに紐付くKGIの達成見込みの確認
Action
　未達見込みKGIに紐付くプロセスKPIおよび未達プロセスKPIに対する改善の実行

大切な考え方：「成果をあげるためにプロセスを管理する」

図10・7 ポイント③ 課題解決のためにKPIを活用する

状況把握だけではなく、原因・問題の特定や対策の検討・実施と効果確認にKPIを用いる

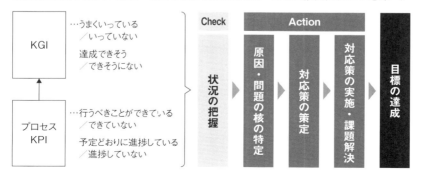

③課題解決のためにKPIを活用する

　PDCAのうち、とくにCheck・Actionのプロセスにおけるポイントです。図10・7をご覧ください。KPIは、目標の達成状況や見込みを把握し、行うべきことができているかを把握するためのものですが、それぞれの結果やデータを見ているだけでは不十分です。目標達成に向けた課題がある場合には、原因分析・問題の核の特定・対策の検討などが必要です。

　KPIという形で定量的に状況を把握できるようにしているわけですから、データに基づく分析を各部門・事業部が行うことが必要です。状況の把握にとどまらず、課題解決のためにKPIを用いていくのです。対応策を施した結果として、改善効果が出ているか、成果につながっているかを定量的に確認していくことも大切です。

④振返り活動の結果を活かす

　PDCAのプロセスのうち、Check・Actionから次のPlanにつなげていくプロセスにおけるポイントです。

　KPIマネジメントにおける振返り活動の必要性や主な視点については、第1章で整理しました。振返り活動を行うことは、KPIマネジメントを組織内に浸透・定着させていく上で非常に大切です。前著『KPIで必ず成果を出す目標達成の技術』（日本能率協会マネジメントセンター刊）の最終章「KPIマネジメントが形骸化しないために」でも述べましたが、KPIマネジメントが形骸化してしまうケースの要因の主な1つとして「振返りの活動を行わない」があります。

　ここではさらに一歩踏み込み、振返りの活動を行うだけでなく、その結果を活かすことが大切であると強調します。KGI・プロセスKPIそのものの見直しやPDCAサイクルの改善など、KPIマネジメントの進め方をレベルアップさせていくのです。それにより経営管理についての組織力・推進力が向上し、組織としての継続的な目標達成にも繋がっていきます。

図10・8　ポイント④　振返り活動の結果を活かす

設定したKGI・プロセスKPIの達成状況の振返りや達成に向けた改善・実行だけでは**不十分**。設定したKGI・プロセスKPIそのものの見直しやPDCAサイクルの改善など、KPIマネジメントの進め方をレベルアップさせていく。それにより組織力が向上し、継続的な成果達成につながる。

#	方法	内容
1	KGI・プロセスKPIそのものの妥当性	●KGI、プロセスKPIとして妥当な指標が設定できているか ●KGI達成のためのプロセスKPIとなっているか ●外部環境、内部環境を含め次期以降の計画に対する基本方針や前提事項へのフィードバックはないか
2	達成水準の妥当性	●高い目標設定水準となっているか ●どの程度のKGI、プロセスKPIが設定した水準に到達しているか ●未達のKGI、プロセスKPIの未達要因が分析できているか（方針面、リソース面、管理面など）
3	重要成功要因（CSF）・重点活動の妥当性	●目標設定のための真の成功要因、管理要因が明確になっているか ●プロセスKPI設定の前提、仮説としていた事項は適切であったか ●KGI達成のために新たな施策やプロジェクトが必要ではないか
4	PDCAサイクルにおける活用状況	●KGI、プロセスKPIを有効に活用できているか。よりよい活用方法はないか ●他部門、レイヤー間における連動は図れているか ●他部門、上位組織（事業部・経営）への要望や改善に向けた議論がなされる場が設定されているか
5	組織内外への展開・浸透状況	●KGI、プロセスKPIの下位組織への展開ができているか ●上司・部下間のコミュニケーションに活用されているか
6	計画プロセスの改善余地	●本部、部門の戦略検討、課題整理、目標設定の進め方に改善点はないか

幹部へのフィードバック
- 共通の難所と対応策
- 成果との関連性と施策見直しの方向性
- 経営レベルの検討事項（体制・仕組み・方針決定など）
- 現場の個別事情の共有

現場へのフィードバック
- 次期計画策定上のポイント（目標設定、強化すべき活動・施策）
- 現場の個別事情と対応策
- 他部門の好事例・取組み

図10・8をご覧ください。振返りの活動において「振り返るべき事項」の主な内容の例をあげています。図に例示している事項を振り返るだけでも、事業部幹部・部門管理者などにとって、自身・自部門のマネジメント活動やKPI活用についての気づきを得る機会となります。しかし、それだけではなく、その結果を図10・8にある「幹部へのフィードバック」や「現場へのフィードバック」にもつなげていくことができるとよいでしょう。

さらに進化を遂げるために

　図10・9には「KPIマネジメント 進化の視点」として、KPIマネジメントの活動を継続的に進める中で、進化・ブラッシュアップさせていただきたいことをあげています。図にあげている事項は「指

図10・9　KPIマネジメント　進化の視点

KPIの設定内容・活用方法・運用については、「常に進化させていく」ことが必要です

進化・ブラッシュアップさせていっていただきたいこと

- KPIそのものの妥当性
    - ・・・成果KPI、プロセスKPIとして妥当な指標が設定できているか？
- KPIの達成水準の妥当性
    - ・・・適切な目標設定水準となっているか？　など
- 重要成功要因・重要業務など
    - ・・・成果KPI達成のための真の成功要因・管理要因が明確になっているか？
- PDCAでの活用方法
    - ・・・KPIを有効に活用できているか？　よりよい活用方法はないか？
- 組織内コミュニケーション
    - ・・・組織内コミュニケーション（上司・部下）（部門間）へのより良い活用方法はないか？
- KPI設定プロセス
    - ・・・部門の戦略検討・課題整理・目標設定の進め方に改善点はないか？KPIを設定する際のやりとり（本社・部門・現場など）に見直すべき点はないか？

標のレベルアップ」「運用のレベルアップ」「仕組みのレベルアップ」として整理することもできます。「今年よりも来年、来年よりも再来年」というように、年度とプロセスを重ねるごとに取組みがレベルアップしていくことが必要です。逆に言うと、初年度から高い水準を求めすぎるのではなく「スタートは60点・70点レベルでもよいので、毎年改善とブラッシュアップを加えていく」という発想の方がよいと考えます。

　もともとマネジメント強化の活動は単年度で終わらせるものではなく、何年もかけて強化していくものです。スタートが仮に60点であっても、毎年の改善を積み重ねると、2・3年経てば非常に高いレベルの運用状態になると考えるべきでしょう。

図10・10　（参考）KPIの達成状況の分類と改善の視点

KGI・プロセスKPIの目標達成分類のマトリクス

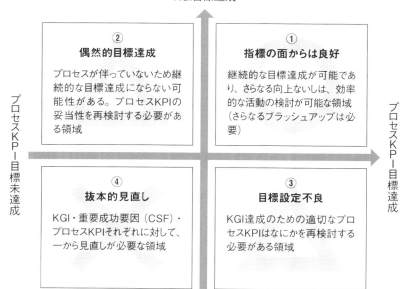

振返り活動においては、図10・8の1～3にあるように、指標やその達成水準、重要成功要因などの妥当性を振り返るという点も重要です。

　それらの振返りを行う際の参考として、図10・10に「KPIの達成状況の分類と改善の視点」を整理した例をあげています。第4章で述べたとおり、部門レベルでのKPI設定では、目標設定対象に対してKGIとプロセスKPIがセットになる形で設定されています。

　KGIとプロセスKPIの達成状況を「目標達成」と「未達成」に区分すると、図10・10にあるように4つの象限・パターンに分けられます。そのそれぞれのパターンについて、そのようになった要因と改善の方向性の例を示しています。細かい場合分けなどを考えてい

＜要因・改善の方向性の例＞

#	分類	要因例	次年度への改善例
①	指標の面からは良好	プロセスKPIの設定が適切であった	次年度も同じKGIの達成を目指す場合、プロセスKPIの活動を軽減して、少ない工数で目標達成ができるかを確認
		KGIの設定水準が低かった	よりストレッチしたKGIを設定し、それを達成するためのプロセスKPIを設定
②	偶然的目標達成	KGIの設定水準が低かった	よりストレッチしたKGIを設定し、それを達成するためのプロセスKPIを設定
③	目標設定不良	プロセスKPIの設定水準が低かった	よりストレッチしたプロセスKPIを設定
		効果の低いプロセスKFIを設定していた	もっと効果的なプロセスKPIに変更
		KGIの設定水準が高すぎた	ストレッチはしつつも、達成可能なKGIおよび達成水準へ修正
④	抜本的見直し	実施困難なプロセスKPIを設定していた	実施可能なプロセスKPIに修正
		プロセスKPIの実施担当者の意欲が低かった	プロセスKPIの実施担当者と面談し、要因を追求

くと、図に記載していないカテゴリーの要因や改善例もあると思いますが、1つの参考にしてください。重要なのは、KGI・プロセスKPIの達成状態から、その要因と今後に向けた対策、指標そのものやマネジメント活動の見直しなどを考えていくことです。

KPI設定のアセスメント

　指標としてのKPI設定の妥当性を確認する際の参考として、「KPI設定のアセスメント」を紹介します。

　図10・11をご覧ください。主に部門レベルでのKPI設定が狙いどおりであるかを確認するために、KPI設定のアセスメント（評価）を行うことがあります。その際のアセスメントの主な観点の例を整理しています。

　図の例は、いくつかの事例企業の例をもとに統合・整理しています。実際にアセスメントを行う際には、その目的によって観点を絞り込みます。たとえば「連動性」「具体性」「定量性」に絞って行うなどです。

　アセスメントは、部門の取組みレベルや部門管理者のスキル評価などを行ったり点数化したりすることが目的ではありません。わかりやすくするため、経年での改善傾向を見ていくため、などの目的から、アセスメントの結果はなにかしらの定量指標として提示することが多いですが、それをもって部門の取組みなどの優劣を決めるものではありません。各部門のKPI設定における課題の把握や、管理者へのフィードバック・アドバイスの目的から実施するものであると理解ください。

理解・浸透プログラムの実施パターン

　最後に、組織内にKPIマネジメントをうまく理解・浸透させていくためのプログラムについて説明します。KPIマネジメントの基本

図10・11 （参考）KPI設定のアセスメントの観点例（初期設定時・振返り時）

充足性	フォーマットとして記載すべき対象に対して漏れなく、かつ定義などに対しての認識誤りがなく記載されているか
連動性	上位組織の方針、他部門からの要望などとの関連性・連携が適切か
具体性	抽象的ではなく、具体的な内容として設定されているか
定量性	定量的に測定できるものとなっているか
適切性	目標値の水準の設定が不適切な設定になっていないか （高過ぎる・低すぎる双方の視点）
整合性	自部門だけで完結しない業務において、関連部門に対しての依頼事項・連携事項などが記載されているか
計画性	KPIの達成・実行のためのアクションプランが具体的に設定されているか（リソース計画の妥当性など含む）
⋮	⋮

- 各部門のKPI設定における課題の把握と管理者へのフィードバック
- 部門間の比較、全社的な課題・傾向の把握
- 経年での改善傾向のモニタリング
- KPI設定の妥当性と業務成果との関係性の分析

など

　ツールとして、運月マニュアル（ガイド）の策定が有効であることは先に述べました。しかし、マニュアル（ガイド）さえ作成すれば理解・浸透が進むかというと、残念ながらそうではありません。それらを活用しつつも、リアルな説明や討議・フィードバックを含めて、なにかしらのコミュニケーションプログラムや研修プログラム（以下、理解・浸透プログラム）が必要です。

　理解・浸透プログラムの内容や行い方は、各社の取組み目的、組織体系、このようなプログラムに対しての取組み方法の慣習、組織の状況などによってさまざまです。ベースとなる進め方をもとに、それぞれカスタマイズします。

理解・浸透プログラムを行う場面としては、大きく2つに分かれます。1つは、KPIマネジメントを導入する初期段階の場面です。もう1つは導入後の場面、具体的には年度の振返りやブラッシュアップ、新任の管理者向けへの教育などの場面です。

　いずれの場面においても、プログラムは「誰に」「なにを伝える・理解いただくために」「どのように」の観点から企画・設計します。以下に実際の取組み例から、場面ごとによく行われるプログラムのパターンをいくつか紹介します。

○初期導入時点におけるプログラム例
①経営幹部層向けのKPIマネジメントの取組み紹介

　幹部・役員層を対象にKPIマネジメントの考え方や導入効果、他社での取組み例などを紹介します。KPIへの取組みの組織内への啓発を進めるために実施します。

②管理職層向けのKPIマネジメントの主要ポイントの説明

　主に事業部幹部や部門管理者層を対象に、①に加えて、KPI設定の一般的な手順やポイントや、KPI活用におけるポイントなどを紹介します。啓発とともに、初期的な手法教育のために実施します。

③事業部・部門別などでのKPI設定セッション

　主に部門管理者や事業部幹部層を対象に、自部門・自事業部におけるKPI（KGI・CSF・KPI）の設定を討議・レビュー形式などで進めるプログラムです。実践でのKPI設定を通じて、KPIマネジメントの手法を理解・習得してもらうために行います。KPI設定だけでなく、戦略マップの作成（戦略課題の整理）や部門の目標設定対象の整理から対象とします。検討対象によって、複数回の討議・レビュー機会を設定します。

　②のプログラムを行ったうえで、③のプログラムを実施するケースが多くなっています。運用マニュアルなどを策定した上で本プログラムを行うケースもあれば、本プログラムを進めて、KPI設定がある程度進んだ段階で運用マニュアルの策定を行うケースもあります。

図10・12 トレーニング（教育研修）によるKPIの活用力の向上

KPI活用力向上における主要課題

KPIの設定段階

- 目的・狙いについての教育不足
- KPIや戦略マップの考え方についての教育不足
- 重要成功要因・プロセスKPIの検討・設定が不足
- KPIの妥当性のチェックがないまま導入

KPIの活用段階

- KPIに基づく分析や振返り活動が不十分
  - ×成果とプロセスの相関関係の検討
  - ×プロセス指標の未実行の要因整理
  - ×指標の見直し、次期の計画への反映
- PDCAへの組込みや見える化の仕組みが不十分

KPI 導入時研修

- ○戦略マップ研修
  - ― 事業別／全社の戦略マップの作成研修
  - ― 機能部門別の戦略マップの作成研修
- ○KPI設定研修
  - ― KPIの設定・活用の考え方・事例研修
  - ― 部門別・管理者別のKPI作成研修
  - ― KPIの妥当性・整合性レビュー
- ○経営幹部向け検討会
  - ― KPIの組織的活用、部門間連携の推進など

KPI 活用振返り研修

- ○KPIの活用研修
  - ― KPI活用における管理者の役割研修
    （PDCA、部門内コミュニケーションなど）
  - ― KPIによる業務振返り研修
    （実行状況、未達原因、KPI見直しなど）
- ○KPIに基づく改革施策の検討研修
  （製販連携、営業拡販、納期改善などのテーマ別）
- ○経営幹部向け検討会
  - ― KPIを通じて認識される組織課題への対応

○導入後の振返りなどの場面におけるプログラム例
④KPIマネジメントの振返りセッション
　主に部門管理者層を対象に、半期ないしは年度のKPIマネジメントへの取組み内容をチェックポイントと共に振り返るプログラムです。KPI見直しの側面とともに、マネジメントへの活用の側面も含めます。取組みのブラッシュアップとともに、次年度のアクション具体化に繋げることを目的とします。
⑤KPIのレビュー・見直しセッション
　主に部門管理者層を対象に、④のうち、KPIの見直しや妥当性に絞って討議・確認を行うプログラムです。先に紹介したKPI設定のアセスメントと合わせて実施するケースもあります。KPIの設定内容のレベルアップを目的として行います。
　また、部門別の目標管理など、KPIマネジメントに類似する取組みを行っている企業が、さらにKPIや指標化の考え方を取り入れていきたい場合に、既存の目標設定内容などをもとに⑤のプログラムを実施するケースもあります。

　上記のうち、③〜⑤は、まず先行的にいくつかの事業部や部門でパイロット的に実施し、その後に他部門に展開するとよいでしょう。
　図10・12は、以上で紹介したプログラムを含めて、KPI活用力向上における主要課題と研修テーマの例です。

おわりに

　本書の最後に、近年みられるKPIマネジメントのさらなる活用領域について触れておきます。

　次ページの図をご覧ください。図の中の枠組みは、序章の図2「KPIマネジメントにおける枠組み」からの抜粋です。本書では、事業部の中期計画・年度計画、部門の年度計画などをKPIを活用してマネジメントしていくための手法・進め方を対象としました。

　上記以外の領域において、KPIマネジメントの新たな活用方法として近年みられる特徴的なテーマをいくつかご紹介します。

①長期ビジョン・経営理念の浸透への適用

　企業の長期ビジョンや、長期ビジョンに含まれる重要コンセプト・新しいコンセプトをいかに全社やグループ企業に浸透させていくか、というテーマに対してKPIマネジメントの考え方を適用するものです。

　経営理念に掲げている項目のうち、とくに強化・浸透に課題がある項目や経営者が大事にしたいと考えている項目を対象とするケースもあります。

②重要戦略課題の企画・実行管理への適用

　全社の重要戦略課題となっている事項の企画・実行管理というテーマに対してKPIマネジメントの考え方を適用するものです。たとえば「品質強化方針」「コンプライアンスの強化」「リスクマネジメントの徹底」「ガバナンスの徹底」「働き方改革などの重要テーマの推進」などです。とくに、グループ企業やグローバルでの子会社・関係会社など、幅広い対象への強化・浸透が必要な場合に、KPIマネジメントの考え方を活用するケースが多いように思います。

　①と②に共通するのは、「一見定性的にしかマネジメントできないと思われるテーマが対象である」「年度を超える取組みとして継続的な実行管理と浸透・定着の活動が求められる」でしょうか。

図　KPIマネジメントのさらなる活用領域

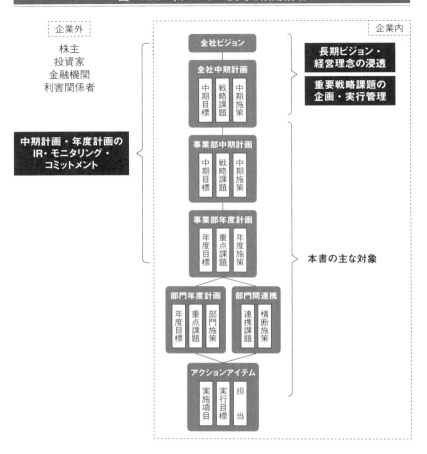

そのようなテーマに対してKPIの考え方を適用することで、「高めるべきこと」や「取組みによって現れる変化・効果」を明確にする（KGI）、そのために「行うべきこと」「進めるべきこと」を明確にすること（プロセスKPI）を進めていくのです。

③中期計画・年度計画のIR・モニタリングへの適用

　本書の対象と上記①・②が企業内でのマネジメントへの活用であるのに対して、企業の外部に対しての情報発信・開示などにKPIを活用する動きもあります。株主・投資家・金融機関などに対する中

期計画や年度計画のIRやモニタリングなどへの適用です。

　ここでのポイントは、「財務の目標にとどまらず、非財務の目標についても定量目標を設定すること（KGI）」と「目標（財務・非財務）を達成するための施策や取組みについて、定性的な記述にとどまらせず、施策の実行目標や実施効果にも定量的な目標を設定すること（プロセスKPI）」です。

　これまでのIRや開示では、財務の目標達成のための施策を定性的に記述するという形が多くなっているでしょう。それに対して、非財務の目標と施策についてのKPIを加え、目標達成に向けた戦略とそのための取組み目標をより具体的に示していくのです。

　また、計画と財務面の結果の開示だけでなく、施策の実施結果・実施効果なども開示していくことで、結果に対しての要因分析や施策の妥当性の検証などをより充実した形で示すことができます。開示姿勢の向上とその内容の充実が、間接的に企業価値の向上にもつながることも狙いとしています。当然対外的に開示したことは、利害関係者へのコミットメントとして位置付けられますから、その達成管理・実行管理のためには、本書が対象とした社内でのKPIマネジメント（全社→事業部→部門）が整っていることが必要になります。

　上記①・②・③で紹介した活用方法は新しい適用方法ではありますが、いずれにおいても、本書で紹介した事業部・部門におけるKPIの設定・活用の考え方がベースになっています。

　KPIマネジメントの考え方のさらなる活用領域やその経営上の効果については、今後も弊社・小職として研究・開発を続けるとともに、読者の皆さまへの紹介、企業各位の方々との討議を行っていきたいと考えています。

平成29年11月
株式会社アットストリーム
代表取締役　大工舎 宏

［著者紹介］

■アットストリームグループ

経営管理・プロセス改革、組織・人材の強化、事業構造改革など、企業の経営課題の解決を支援するプロフェッショナルなコンサルティング会社。2001年に創業。大手コンサルティング会社経験者を中心に、KPIマネジメントの導入・活用などを含め多くの企業のコンサルティングを手がける。KPIの活用強化による成果向上・業務改革・組織強化を目指した研修・トレーニングなども数多く実施。

URL：www.atstream.co.jp
お問い合わせ：query@atstream.co.jp

■大工舎 宏（だいくや・ひろし）

アーサーアンダーセンビジネスコンサルティングを経て、㈱アットストリームを共同設立。現在、同社代表取締役兼アットストリームパートナーズ合同会社代表パートナー、公認会計士。主な専門領域は、事業構造改革・収益構造改革の推進支援、各種経営管理制度（KPI、管理会計等）の構築・導入、組織変革活動の企画・実行支援。 著書は、『KPIで必ず成果を出す目標達成の技術』『KPIマネジメントの再構築』（日本能率協会マネジメントセンター）、『経営の突破力　現場の達成力』（JIPMソリューション）、『高収益を生む原価マネジメント』（JIPMソリューション）、『ミッションマネジメント～価値創造企業への変革～』（共著・生産性出版）ほか多数。

事業計画を実現するKPIマネジメントの実務
PDCAを回す目標必達の技術

2017年12月20日　初版第1刷発行
2025年1月20日　　第5刷発行

著　　者	──	大工舎 宏（株式会社アットストリーム）
		©2017　Hiroshi Daikuya（@Stream Corporation）
発 行 者	──	張　士洛
発 行 所	──	日本能率協会マネジメントセンター

〒103-6009　東京都中央区日本橋2-7-1　東京日本橋タワー
TEL　03（6362）4339（編集）／03（6362）4558（販売）
FAX　03（3272）8127（編集・販売）
https://www.jmam.co.jp/

装　　丁	──	冨澤 崇（EBranch）
本文DTP	──	木内 豊
印 刷 所	──	広研印刷株式会社
製 本 所	──	株式会社三森製本所

本書の内容の一部または全部を無断で複写複製（コピー）することは、法律で認められた場合を除き、著作者および出版者の権利の侵害となりますので、あらかじめ小社あて許諾を求めてください。

ISBN 978-4-8207-2632-6　C3034
落丁・乱丁はおとりかえします。
PRINTED IN JAPAN

JMAMの本

KPIで必ず成果を出す目標達成の技術

計画をプロセスで管理する基本手順と実践ポイント

アットストリーム
大工舎宏
井田智絵 著

KPIマネジメントの導入・活用を数多く支援している著者が、その経験に裏づけされた「原理原則」「基本手順」「実践上の重要ポイント」を整理してまとめあげました。
本書がこだわったのは、「成果をあげ続ける」という点への考察です。一過性ではなく、継続的に目標を達成していく組織を築くために、KPIという経営管理の手法をいかに活用するかを、実践に基づいて解説します。

A5判 192ページ

日本能率協会マネジメントセンター